Shot Ready

Shot Ready

三分入魂

Stephen Curry

史蒂芬・柯瑞 著

蔡世偉 譯

I Have a Superpower
I Am Extraordinary

我有超能力。

我是非凡的。

Contents

目錄

“I Can Do

ALL THINGS..."

「我無所不能。」

Preface

自序

我在孩子們熟睡的清晨離開家門。現在是7月，所以學校停車場空蕩蕩的，但我有體育館的入口密碼。這間高中體育館是少數能讓我在夏季私下自主訓練的幾個地點之一。跟人生中很多事一樣，夏季訓練的關鍵就是在別人的一天尚未開始之前就先啟動。我通常會在這裡和我的訓練師布蘭登·潘恩（Brandon Payne）碰面，然後專注琢磨某一項我想練的投籃技巧。
我們練習的目標不是做到「做對」，而是練到「絕不做錯」。

但今天，這裡只有我跟你。

我打開開關，屋頂四排日光燈隨即亮起，發出輕微的嗡嗡聲，照亮木地板。我用力運了一下球，因為就算在練習的場地，強度和目的性仍不可少。我一邊熱身一邊看著場邊五排空蕩的伸縮看台——小時候在這樣空無一人的體育館裡，我總會幻想那裡座無虛席。

小時候學習籃球的多數時間，正是投入這樣的環境——遠離人群以及干擾的小型體育館。加入金州勇士隊幾年之後，我意識到自己還是最習慣在這樣的場地裡訓練。今天重返這種地方，我憶起最初的籃球啟蒙。無論自覺有多大進境，我總會重新回到根基。

我從來不是天賦異稟的運動員——不是場上彈跳力最好的、不是速度最快的，也不是身材最高大。大學時期的我看起來就像個硬要裝成熟的中學生，留著一抹稀疏到像是畫上去的鬍子。我現在的身高還是只有6呎3吋，還不及聯盟6呎6吋的平均身高，頂多有時候換個不同髮型會讓我看起來高一點。

然而，努力讓我走到今天。我愛上這份磨練。不得不這樣。偉大需要代價，你需要在默默投入的奮鬥中找到喜悅。我討厭聽到網路上的教練或訓練師說起成功背後「沒人看見的付出」，這讓準備工作聽起來神祕又難以觸及。反觀，我所說的「磨練」只是形容任何追求中最重要的時間——投資在自己身上的時間。我把這些時間花在與世隔絕的體育館——沒有防守、沒有實戰——但就算孤身一人，我也抱持蓄勢待發的心態訓練，模擬真實賽場上絲毫不容閃失而且時間所剩無幾的情境。如此一來，我就能彩排在最高強度中保持平衡的狀態。即使在這樣一座高中體育館，我也能透過想像來重現NBA賽場上雙方平手的倒數階段，然後實際操演。我花了大量時間做這種情境練習，到了真實比賽的刺眼燈光和巨大壓力之下，我能進入無意識的心流，自然發揮訓練成果。當然，該有的緊張我還是會有，但我不讓這份緊張逗留。反之，我讓緊張流過身心。留下來的是讓訓練本能接管的泰然。然後，我會投進。

這種「球來就投」的狀態需要練習和重複，但當你真正付出努力，它會報以一種無與倫比的超脫。我最極致的愉悅經驗就是在比賽的節奏與詩意中忘我——根本沒有時間思考，其他九個球員在身邊飛馳，但不知怎地，**持球的我就是知道**比賽接下來的走向。這種喜悅的可能性完全來自我在這間體育館做的事，來自我花在訓練和觀影分析的時間。然後，當見真章的時刻降臨，我就能放飛自我。這，就是終極的自由。

打滿82場高強度的NBA比賽需要我每年有七到八個月持續處在高度集中的專注狀態。等到賽季結束，我會回到像這樣的小型體育館重振旗鼓，並重拾對籃球最原初的熱愛。**而這份愛——對於打球的愛——的核心就是「找到變強之道」本身帶來的樂趣**。

當我為了提升表現而投入時間，我無法確定會在何時以什麼方式見效，但我始終相信一定會有回報。即使在聯盟打滾這麼多年，我仍然會在比賽中**靈光乍現**：看到一個跑位、對位或比賽情境的發展，我會想：「**水啦！我們早在7月就模擬過一模一樣的場面！**」於是，我有了優勢。隨後的關鍵幾秒，我的神經系統自動做出反應，眼前的一切都慢了下來。我感受到腎上腺素噴湧，但並非沖刷全身，而是被精準導向某個動作。我的呼吸道敞開，把更多氧氣送入血液，我的呼吸訓練早已讓肺部習慣高效運作。我的心臟沒有狂跳，而是為了把這些含氧血液輸送到全身而穩步加快。腎上腺素甚至抵達我的雙眼，擴張的瞳孔看清場上每一種可能。大腦處理視覺資訊的速度比思考還快，我的肌肉根據驗證過的訓練反應啟動。我起飛了。我也許會連做兩次背後運球，感受觀眾的期待，看見板凳區的隊友們隨著我出手站起來，然後在投出壓力極大的那一球時，眼神只在籃框上停留一瞬。透過訓練獲得的自信讓我掌握這一刻。我活在當下——那是一種警醒的平靜、投入，以及喜悅。

這就是我想透過這本書與你分享的領悟。無論你想在什麼領域變強，你都可以做到。我請你在思考的時候放任想像力馳騁。你想要什麼？也許對你來說，那些事就像人生的上籃和罰球，或許你的夢比較遠大，猶如從中線投進絕殺。但我堅信成功絕非偶然。**成功可能不會以你預期的模樣出現，但當準備之嚴與信念之深符合關鍵時刻的迫切，成功對所有人來說都是可以達成的**。我所謂的「球來就投」正是這個意思。

在聯盟裡，大家公認可以找我求取建議。菜鳥問我保持穩定性的秘訣，崛起的球星問我如何從橫空出世的天才蛻變為領袖，老將則經常找我聊怎麼維持高水準、延長巔峰期。

我給一名年輕球員關於訓練的建議，結果七個月後，他在季後賽第四戰中痛宰我。圈外人不理解我幹嘛冒著風險給競爭對手優勢，但球員們懂。我們真心熱愛這項運動，想要看到籃球進化。我們總會彼此交換一些智慧或觀點。當然，我不會**傾囊相授**，但我會提供一些他們用得上的東西——球員愈厲害，比賽愈精彩。但說到底，我們仍是對手。NBA球員很擅長平衡這兩種心態：我可以在賽前一天跟你共進晚餐，稱兄道弟，隔天上了場，依然不留情面殺爆你。

這種樂於分享的個性遺傳自我的母親松婭．柯瑞（Sonya Curry）。她創辦並經營我曾就讀的蒙特梭利小學。所以，當我看著父親在NBA打十六個賽季，從他身上學習籃球的藝術，我從母親身上學習了「

學習的藝術」。我親眼看她帶著慈愛量身打造教學內容，幫助孩子們發揮連自己都沒察覺的潛能。我從她那裡繼承了這份渴望，想要透過自己的故事與不同背景的人建立連結，幫助他們拼好潛能的拼圖。人生充滿張力——不限於NBA。**我們該如何確保自己在混亂之中準備充分、充滿動力、堅韌穩定，並保持內心的平靜**？**我們該如何觸及那個讓一切有價值的，喜悅、意義，以及忘我超脫的源頭**？**我們該如何在每件事情上隨時做好出手的準備**？

無論你處在人生的什麼階段，很高興此刻你與我一起待在這間體育館。我現在就把球傳給你。上場吧。

CURRY
30

Part 1

菜鳥

Rookie

Rise Into Your Shot

起身出手

每個人都會有屬於自己的「休賽季」，暫時從日常賽場退下來的一段時間。對於還在唸書的人來說，可能是整個暑假；對成年人來說，或許是忙裡偷閒的週末。也可能只是上班之前，或是送完小孩上學之後，在車上冥想或禱告的五分鐘。**無論我們怎麼得到——或爭取到——這段時間，這份禮物帶來一個選擇的機會：原地踏步，或是創造下一個賽季的全新可能**。

在我的休賽季，我會回到一座安靜的體育館，把自己的球技解構為最基本的元素。回頭練基本功讓我——更清晰、更誠實——看見哪裡需要改進。正是在這樣遠離喧囂的時刻，我為自己拓展了可能性。

歡迎來到我的練球時間。

指引我每一次訓練的是兩個互相呼應的概念：**扎根**（grounding）**與成長**（growth）。

「扎根」指的是回歸籃球的基本功，無論你的打球風格如何，這點都同樣重要。倘若你沒有精通並且反覆重練基本功，你就會不斷浪費時間修補根本上的缺陷。這並不代表你不能成功，也許你能撐過去。也許你不用準備，憑藉臨場反應跟腎上腺素就能見招拆招；也許你不用學會分工，也能硬著頭皮一肩扛起，跌跌撞撞走下去。縱使這些做法在短期之內有效，但花更多力氣換來同樣結果的低效終會阻礙你攀上更高層。

成長是終極目標，但它源自扎根。如果沒有精通成功的基本原則，就算硬撐過去，頂多也只能應對挑戰，不能從中成長。

開始吧。

我跟兩位技術教練合作，兩人的訓練之道截然不同。夏季，我會跟布蘭登・潘恩一起訓練，他專注於投籃機制的精準。布蘭登明白訓練的重點不只在於反覆操作的熟能生巧，更在於深入理解身體的運作模式。他經常提醒我，完美的投籃來自一氣呵成的連續動作——從腳趾啟動，在指尖完結。腳步是投籃的力道與準度之源；因此，必須把全身的重量保持在腳掌內側——布蘭登稱之為「在足弓之間發力」。光看出手之後籃球在空中劃出的弧線，他就能判斷我是否在正確扎根之後才發力。對，扎根這個詞又出現了。一切都始於扎根。

布蘭登幫我做的調整能精準到毫米之差。有時他看到我投出去的球稍往左偏，就立刻糾正說我把體重放到第五蹠骨——也就是小腳趾。只是小腳趾微微失衡，就會干擾投籃的連鎖動作，影響到出手。為了彌補這份失衡，我會不自覺扭轉髖部，於是整個上半身的動作都為了修正小腳趾的失衡而代償。球或許還是會進框，但命中的機率已被下修。

假如你卡在某個層級，遲遲無法突破，就回頭審視自己的基本功。**你的發力有穩固扎根嗎**？你的身體是不是已經養成一些代償的習慣，引發後續的連鎖反應？放慢腳步，檢視自己的每一個動作，從最微小的變因開始——無論那失衡的第五蹠骨對你來說是什麼——因為，唯有在這些細節上嚴以律己，並在反覆修正直到練到變成本能的過程中找到樂趣，才能打造穩定且長久的成功。

WARRIORS
HEART

這些年來，我領悟到一件事：挑戰是最有效率的老師，所以我不會逃避挑戰。你要習慣做困難的事，如此一來才不會活在出錯的恐懼中。

夏季訓練期間，我們從來不會只是照本宣科練投。反之，布蘭登會設計比賽情境，要我在限定時間之內，或是為了追上分差而出手。為了強化「球來就投」的心態，我們甚至試圖讓我維持比賽時會達到的心率。這種做法為訓練增添了極大的價值：首先，這讓我的身體在練習的時候也能**感受**比賽的壓力；同時，這也讓我練習控制自己的心跳。換句話說，重點不只是讓我習慣心跳加速的感覺，也是讓我學會如何讓心跳慢下來。我已經把呼吸控制練到能夠在比賽中90秒的暫停之內讓心跳降回靜止心率。**學習恢復，也是訓練的一部分**。每個人都需要這份能力。不管所謂的90秒暫停對你而言是什麼——休假一天、會議間的空檔、或是兩個工作地點之間的車程——都是你可以用來恢復的黃金時刻。信不信由你，這種「高效休息」也是需要練習的。

正因如此，布蘭登會讓我進行「全場星型」（Full Court Star）這樣的訓練：我必須從球場這一端衝刺到另一端，在三分線外不同位置出手。這項操到極致的訓練結束後，我在場上平躺，然後布蘭登會在我的腹部上放一個沙包，就

在肋骨下方的位置。沙包的重量迫使橫膈膜更用力運作，讓我練習以更有力量與效率的方式呼吸。上了賽場，就算沒有沙包，我也能隨時喚醒這種呼吸技巧，讓思緒平靜，也加速身體的復原。當然，這項訓練仍算是投籃練習，但也同時教會我如何讓短暫的休息發揮最大的效用。我訓練自己掌握「恢復的技藝」。

我們又在工具箱加入另一項技能，目的是提升神經認知效率：我們刻意讓我的感官系統超載，逼大腦更快處理資訊。舉例來說，布蘭登有時會設置一組燈光，每個燈號對應不同的運球動作。燈一閃，我必須迅速判讀燈號代表的意義，做出相對應的運球動作，然後觸碰燈光，進入下一個燈號。在實際的比賽之中，我必須在電光石火之間處理洶湧的海量變數。我們用毫秒級的決策壓力做超載訓練，好讓真實世界裡的比賽在我眼中慢下來。

總而言之，**把訓練內容弄得更困難，就會讓現實生活變得更簡單**。隨時做好出手準備，並沒有附帶「理想條件之下」這種註解。在休賽期間，要擴大你的承受極限，如此一來，需要承擔真實風險的時候，你就能挺身迎擊更大的挑戰。布蘭登是我的休賽期訓練師。賽季期間，我身邊有Q。

布魯斯·「Q」·費澤（Bruce “Q” Fraser）是實戰達人——他是勇士隊的助理教練之一——也是一位說故事的大師，他總能引導我思考比賽情境與節奏流動。他也會提醒我別忘了享受比賽。

賽前熱身，Q會模仿特定對手的打球風格。這個平常看起來輕鬆幽默的人轉瞬化身為一個侵略性極強、遊走在犯規邊緣的防守者，拼命把我的出手空間逼到最小。他知道怎麼利用這段熱身時間對我施加壓力，激發我的殺手本能，讓我馬上進入上場拚殺的心態。

Q深明賽程節奏，所以能夠幫我**在訓練和出賽之間找到平衡，在不過度消耗的前提下精益求精**。

Y NATIONAL BANK
OFFICIAL BAN
CITY NATIONAL BANK

準備投籃時腳怎麼站。年輕球員的腳往往站得太開。準備投籃時兩腳站比較開也許會感覺比較舒服，但不要這麼做。**舒服不是一切**。

我會叫他們在出手準備時把雙腳稍微踩近一點，無論你在場上哪個位置，十根腳趾頭都要對準籃框。這是最理想的，因為髖部和胸部會跟隨腳趾的方向，你的出手自然也會跟著指向籃框。話說回來，我自己投籃時，雙腳會偏左大概十度。每次都是這樣。這對我來說是自然的，儘管如此，我還是會確保雙腳每次都指向同樣的角度。你也會找到最適合自己的平衡點，但請先從標準姿勢練起，之後再做調整。

搞定腳的站位，我保證你的投籃會馬上進步。偉大的射手都以腳和腿作為投籃的根基——整套投籃動作是從下半身啟動的，其他一切隨之而來。足弓穩穩著地，十根腳趾指向籃框，膝蓋彎曲，臀肩對正，從地面向上發力，起身出手投籃。

Visualizatio
to wi

on is the key
nning.

視覺化是贏球的關鍵。

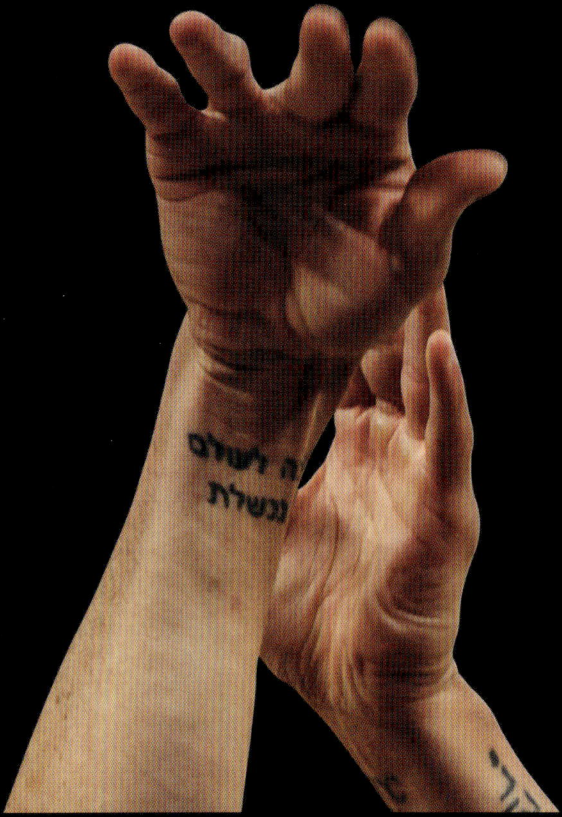

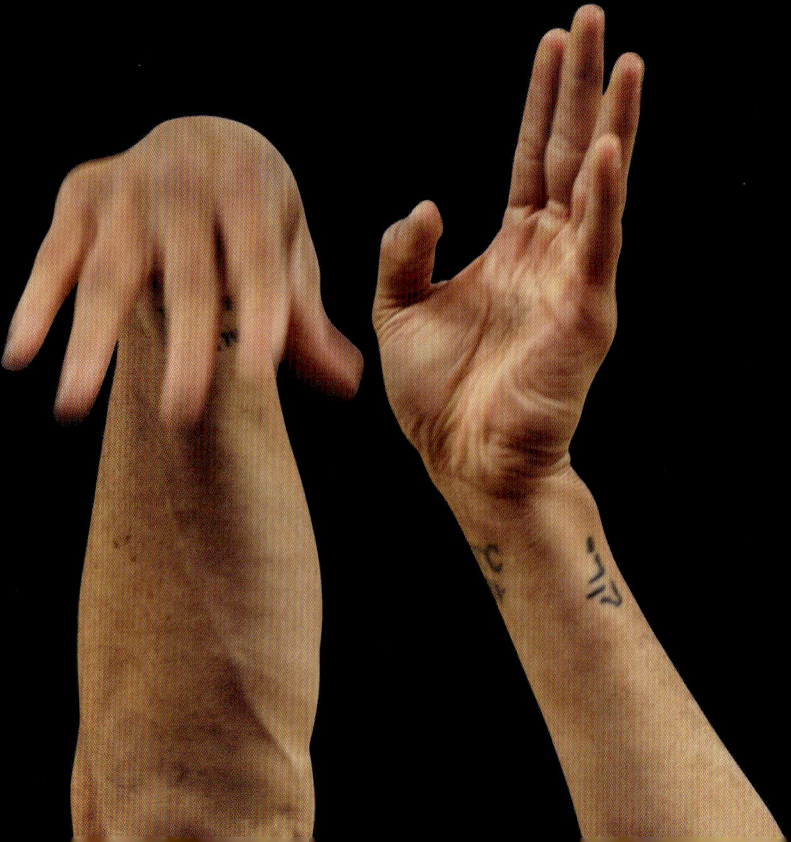

如果有更多時間可以指導你，我會進入第二個關鍵重點：輔助手。我常看到人們在投籃時讓非慣用手過度參與。我用右手投籃，所以左手唯一的任務就是讓球停在右手上。我實際上只用一隻手投籃，左手只用來防止球掉下來，它**什麼都沒做**。有些人讓非慣用手做太多動作，對球施加壓力，無意間讓球偏離正軌。投籃的時候，**身體的每個部分——從腳趾到臀部，再到左右手——都有明確分工**。每個部位都只有一個任務，倘若做得太多，你就是在跟自己做對。

一旦掌握這兩個部分的機制——正確擺放你的腳和手——就能找出個人身體張力的平衡點，也就是完美出手姿勢的範圍內感到自在的位置。如前所述，我的腳會偏離10度。我知道雙腳對準籃框在技巧層面上更為正確，但這個不完美的站姿對我而言最自然，而且有用——原因之一是我每次投籃時都這麼做。

有時候，一致性高於完美的技術。不管距離籃框兩英尺或是二十英尺，你的投籃姿勢都應該一模一樣。

等你掌握了正確的出手姿勢——技術上正確的方式——就可以放鬆養成個人風格。然後你必須堅守這樣的投籃之道。

人們常問我，比賽進行的當下，我感覺如何，我在想什麼。說老實話，當一切順利發展，當我達到平時訓練時瞄準的平衡狀態，我幾乎不需要思考，也不需要感覺。

我的身體在場上任何位置都沒差，我可以往左、往右、往後、往前移動——無所謂。對手可能高舉雙手朝我飛撲，我也可能站在三分線外的空檔。都沒差。當我處在平衡狀態，只要交給肌肉記憶和熟練的動作接管就好。我感覺如何？我感覺自己不可能失手。我在想什麼？我在想怎麼把球投出去，從不擔心這是不是一個好的出手機會——它就是。

這種「心流狀態」就是所有訓練的目標，讓我能夠帶著那份唯有透過紀律才能獲得的自由來打球。在心流之中，我能讓喜悅與創意接管。我將所有分心隔絕在外，甚至包括正在防守我的人。他可以揮舞手臂，也可以拿出所有難聽的話罵我，但我只是微笑，靜候問題的解方——如何把球送進籃框——自然浮現。當我進入那種完美的心流，我不再專注於思想或感覺。我就只是在打球。

CURRY
30

一旦進入這樣的心境——在比賽的高強度之中仍保有絕對的平衡——這份體驗帶來的喜悅會讓你願意不計代價再一次重返那個狀態。

Wilson

我總說要在努力中找到喜悅，這是有原因的。

每一季例行賽有450名NBA球員穿上球衣上場，他們全都追求同一個目標：總冠軍獎盃。每個人通往這個目標的路線都不同，但這群頂尖球員之間有一個共同的誓言：我們會盡全力比其他人更努力。

在這種層級打球，當每個人都對自己許下同樣的承諾，努力兌現，**能讓你脫穎而出的就是喜悅**。任何工作的高低起伏都可能偷走你的喜悅——無論是日復一日的點滴流失，或是重大失望的心力交瘁。要守護你的熱情。唯有這份喜悅能支撐你走過追求偉大的艱辛之路。然而，喜悅不只是強大的動力。喜悅既是手段——驅動努力的要素——也是目的，也就是努力的燦爛回報。若你細查，就會發現它是貫穿一切的絲線，也是為一切充電的充電線。

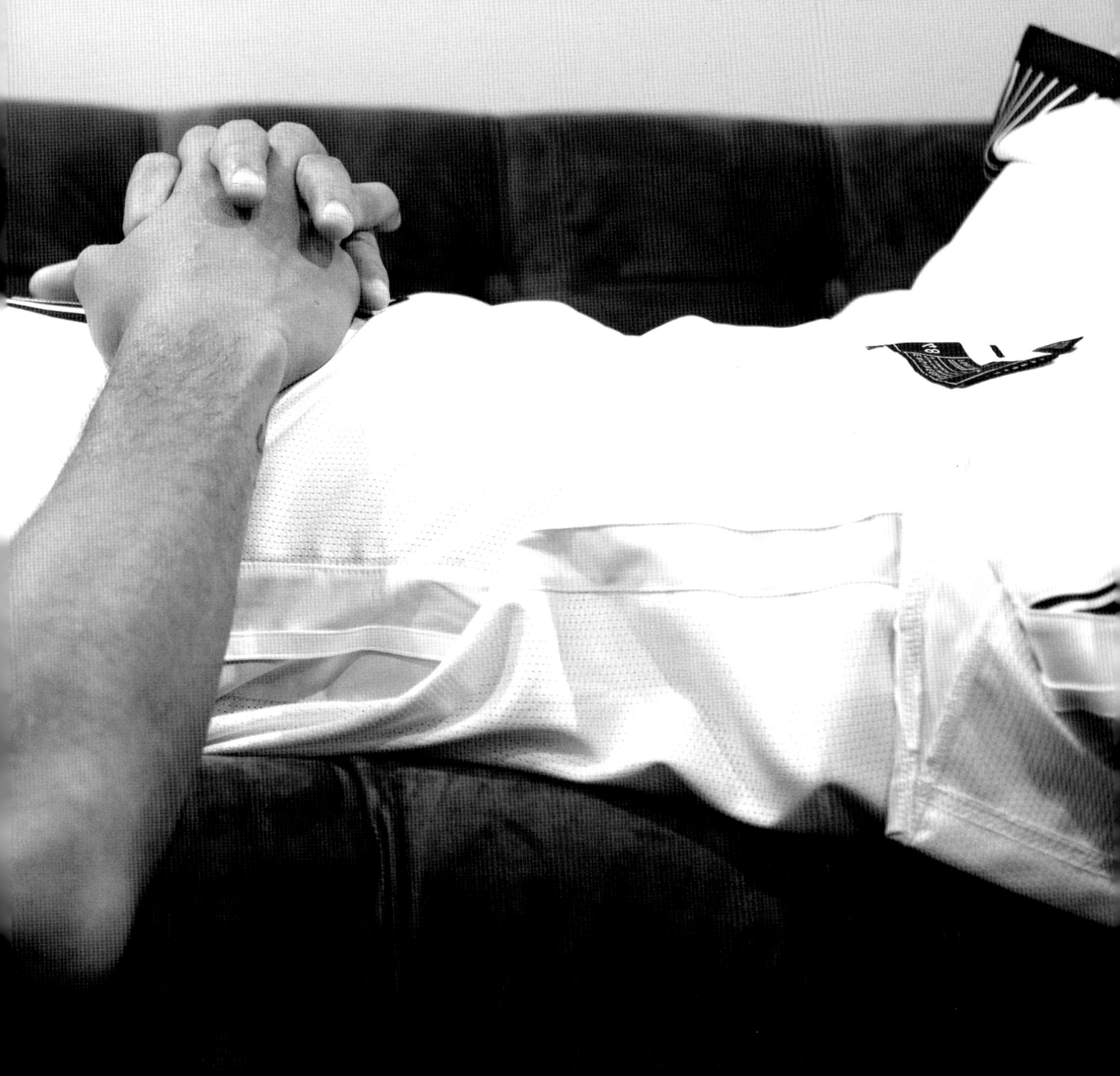

我早早學會喜悅。

多倫多暴龍隊的主場球館有一座電梯會把你從球隊更衣室送到「300 level」高層看台處的訓練設施。但對我來說，那不只是一部電梯：它是一部時光機。每次踏進那部電梯，我就變回十三歲，和弟弟賽斯（Seth Curry）興奮地搭電梯上樓，準備參加下一堂籃球課。那時候的加拿大航空中心球館（Air Canada Centre）是屬於我們的。

我們一家剛從北卡搬到多倫多，因為爸爸正在暴龍隊打個人在NBA的最後一個球季。爸爸在聯盟打了十六年：1986年被猶他爵士選中，打了一季後被交易至克里夫蘭。往後十年，他效力於夏洛特，也就是我成長的地方——我是在他為夏洛特打球的第三個球季出生的。如今他將在另一支球隊結束職業生涯，而我們則因此遷居一個新的國家。

爸媽嚴格禁止我和賽斯在上學日去看爸爸比賽。大部分的比賽，我們只能在家裡看完上半場，就必須上床就寢，等隔天早上起床後再從報紙上讀比賽數據。不過到了週末，如果我們有幸前往暴龍隊的主場看球，整座球館就會變成我們的遊樂場。只要兄弟倆待在一起——賽斯比我小三歲——就可以自由探險。我們當時並不知道，球館裡的每一位工作人員其實都在暗中照看我們。

如果比賽七點開打，我們會在四點半左右跟著爸爸抵達球館。我跟賽斯坐在球員板凳旁看暴龍隊賽前熱身。有時我們會跑到場上幫球員撿球，偶爾從底角偷投幾球。大概在比賽開始前二十分鐘，雙方球員會回到更衣室，此時，我們小孩就可以上場投籃。觀眾魚貫入場，我跟賽斯就在數千人眼前進行我們的比賽。

我們終究還是要把場地讓給真正的比賽。兩隊跳球之後，我和賽斯就會衝回更衣室，搭電梯到位於上層的訓練場地。我們兩個是標準的球痴，戒不掉球癮。整個上半場，我們都待在那裡投籃、單挑，磨練球技。擴音器放送查克．斯威斯基（Chuck Swirsky）的實況轉播，我們有時候會試著重現他剛剛描述的精彩進攻。每一場比賽，我們都會挑選一位敵隊的球員來模仿：艾倫．艾佛森（Allen Iverson）、柯比．布萊恩（Kobe Bryant）、俠客．歐尼爾（Shaq O'Neal），或是尼克隊的馬克．傑克森（Mark Jackson）——他後來成了我的教練。他們每個人都有招牌動作，而我跟賽斯試著模仿或防守這些招式，假裝我們就是那些球員——最頂尖的那群。兩個被寵壞的小孩就這樣在籃球場上玩得不亦樂乎。

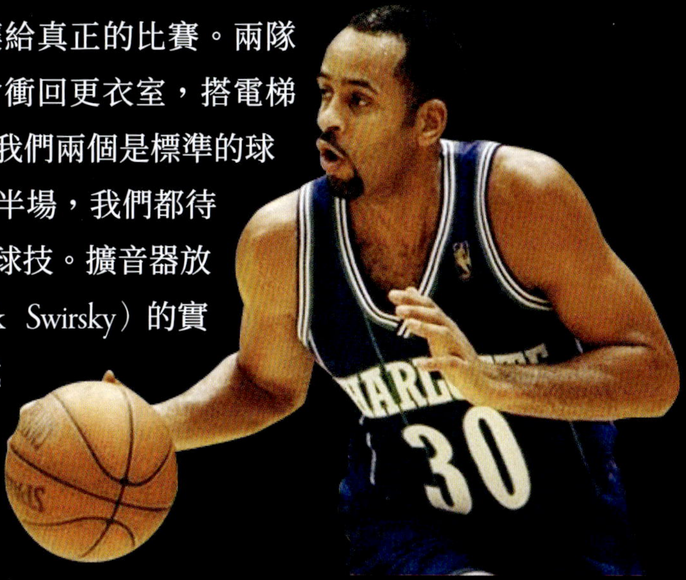

我們會在下半場跑到球館的上層觀眾席繼續看比賽。我就是在那裡開始真正理解不同球員如何解讀比賽並且做出相應的動作——意識、預判、決策與溝通方式——現在被統稱為「籃球智商」的東西。我不只觀察賽場上的球員。在場館、練球場地、甚至偶爾在更衣室，我也關注老將和菜鳥之間的差異，不同的球員如何訓練、怎麼對待隊友、教練、工作人員以及球迷。他們抵達球館時帶著什麼樣的能量？在更衣室、熱身時又散發什麼樣的能量？然後我會觀察這些能量在場上產生了什麼樣的結果。

在多倫多跟爸爸和弟弟共度的時光讓我開始意識到打籃球有很大的心理成分。**我注意到所有頂尖球員——無論是球星或優秀的角色球員，無論在第一年還是第十年——都展現出同樣的心理素質**。不管在賽場打滾多久，頂尖球員都深信自己是最強的，但同時也想要持續**變強**。

偉大的射手們有什麼關鍵共同點？

他們每個都覺得自己是史上最偉大的射手。要成就偉大，你必須活在自信與自負之間的細膩邊界。但這塊領地是靠努力掙來的。你可以抱有天下最狂的自信，但若沒付出應盡的努力，那份自信什麼也不是。

視覺化是贏球的關鍵。這是可以練習的。來，現在就跟我一起做。想像自己正在投籃。起初，你可能會從背後的角度看著自己面對籃框。但你必須靠近一點，集中聚焦。不要只是想像自己站在球場上，要進入想像中的身體，用自己的眼睛看、用自己雙手感受。注意出手時的每一個細節。感覺那顆籃球從你的「離手指」旋轉飛出，感覺你的手在隨球動作中自然形成鵝頸。再投一球。讓整個過程完美無瑕。看著球畫出拋物線，準確飛向目標，彷彿形成鵝頸的手把球直接「放」進籃框。

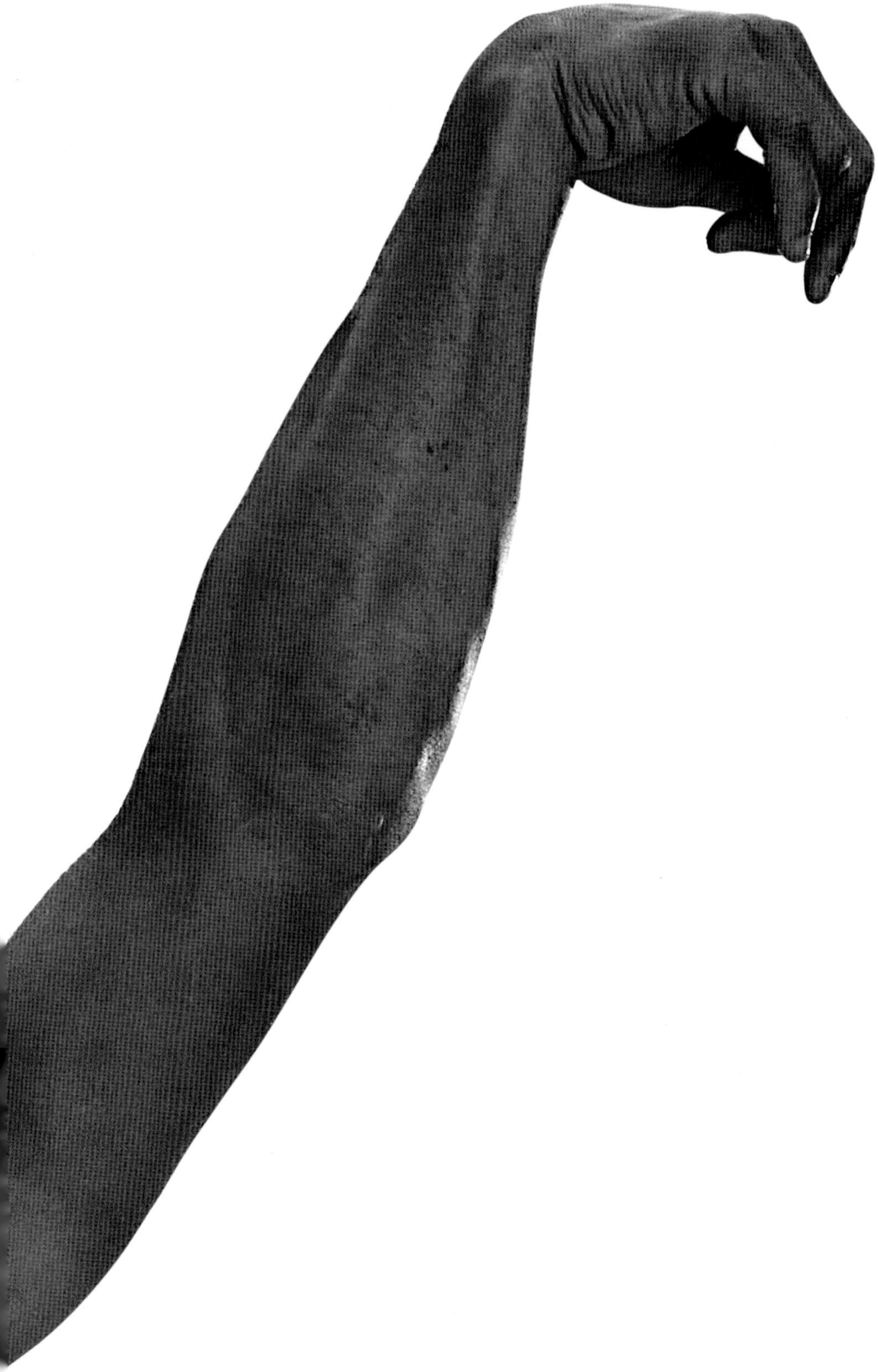

SAINTS
31
SAINTS
12
10
SAINTS
23
SAINTS
15

舉家搬到多倫多的時候，我正在讀國中。但在那之前，我已經在北卡打了三年的AAU（美國業餘體育聯盟）籃球。多倫多的籃球競爭強度明顯低於北卡——我在北卡根本稱不上什麼頂尖球員，但我在多倫多的皇后道（Queensway）國中是明星球員。我們那支球隊簡直像是籃球版的《少棒闖天下》（*Bad News Bears*）——不是什麼菁英團隊，但大家都是好朋友。對我來說，起初如魚離水——新的國家、新的學校，八年級不能講eighth grade，要講Grade 8——但籃球立刻讓我跟這個新世界產生連結。

那時我還矮小，得用「彈弓式」投三分，從腰下把球甩出去，才能畫出夠高的進球弧度。出手點低到任何一個還可以的後衛都能蓋掉我的出手。於是，**我靠靈巧和腳步創造空間，不停快速跑動，累垮防守者**。效果不錯，幾乎可以說好得出奇。比賽變成了中學階段的小型秀場，尤其在那些熱愛籃球的加拿大社區——例如多倫多郊區的密西沙加、怡陶碧谷、士嘉堡等地，客場比賽觀眾絡繹不絕。我開始在那樣的小世界裡建立起一種古怪又有點誇大的名聲：有一次我爸的朋友蘇雷什來看比賽，我那場狂砍60分，結果觀眾以為他是我的司機。

那段加拿大時光很快告一段落——我爸在那年6月退休，連學年都還沒結束，我們就離開加拿大，搬回北卡。一回到家，我就必須再次面對強度更高的競爭對手。縱使在加拿大打得風生水起，我沒有自信。

如今我在籃球營遇到很多十二歲左右的孩子。身為孩子年紀也差不多的父親，我清楚在這段人生轉折期建立自信的重要性。你不能只讓他們看見自己擅長的地方，還要給他們信心去培養新的能力、去嘗試新的事物、去冒險。

我看到那些在這個年紀參加籃球營的孩子——有的年紀大些——在什麼事都還沒發生之前，就已經開始對新環境和新的學習曲線產生情緒反應了。有些人明顯惴惴不安，整個人好像要縮進殼裡。我在訓練營剛開始幾天見到的孩子們——無論男孩還是女孩——對這一刻已經魂牽夢縈好幾個月了。我看他們低著頭，一會兒把手放在某側的腰上，一會兒又換到另一側，重心在左右腿之間轉換。從訓練營獲益最多的孩子，往往是那些起初也很緊張、也很怕犯錯，但不會一直困在那種狀態裡的人。

下場陪他們一起練球的時候，我不會手下留情，也不會刻意壓低競爭的強度——這是我向他們展現尊重的方式，同時也幫助他們從緊張中解脫。有時候他們會被「柯瑞竟然來真的」這件事逗笑，而那份驚喜正是一個突破口。

接下來，我提醒他們一拿到球就要馬上行動。我說：「拿到球的瞬間，我不是接球投籃，就是接球切入，不然就把球傳出去。持球超過一秒，球就會變成一顆手榴彈。等它爆炸，你就完了。」我想傳遞的訊息是：不要想，要做。做出選擇，然後行動。**被困在原地的人不可能發揮潛力**。

我們請到最優秀的教練來指導這些孩子。衝刺訓練之後，教練們往往會提出一些觀察，比如說：「剛才有多少人在衝刺之後投籃會失手？」此時孩子們會沉默不語，眼神閃爍，大多往地上看。這時我會第一個舉手承認。我不是要刻意表現謙虛——我要他們了解成為冠軍的基因有一部分就是誠實面對自己需要改進的地方。

我也會讓他們想想自己的「母隊」。當我察覺他們真的把某個觀念聽進去，我會補上一句：「可以把這個觀念帶回去教給家鄉的隊友們。」這些孩子是訓練中的領袖——獨善其身是不夠的。想要贏球，他們還必須幫助隊友們成功。

30

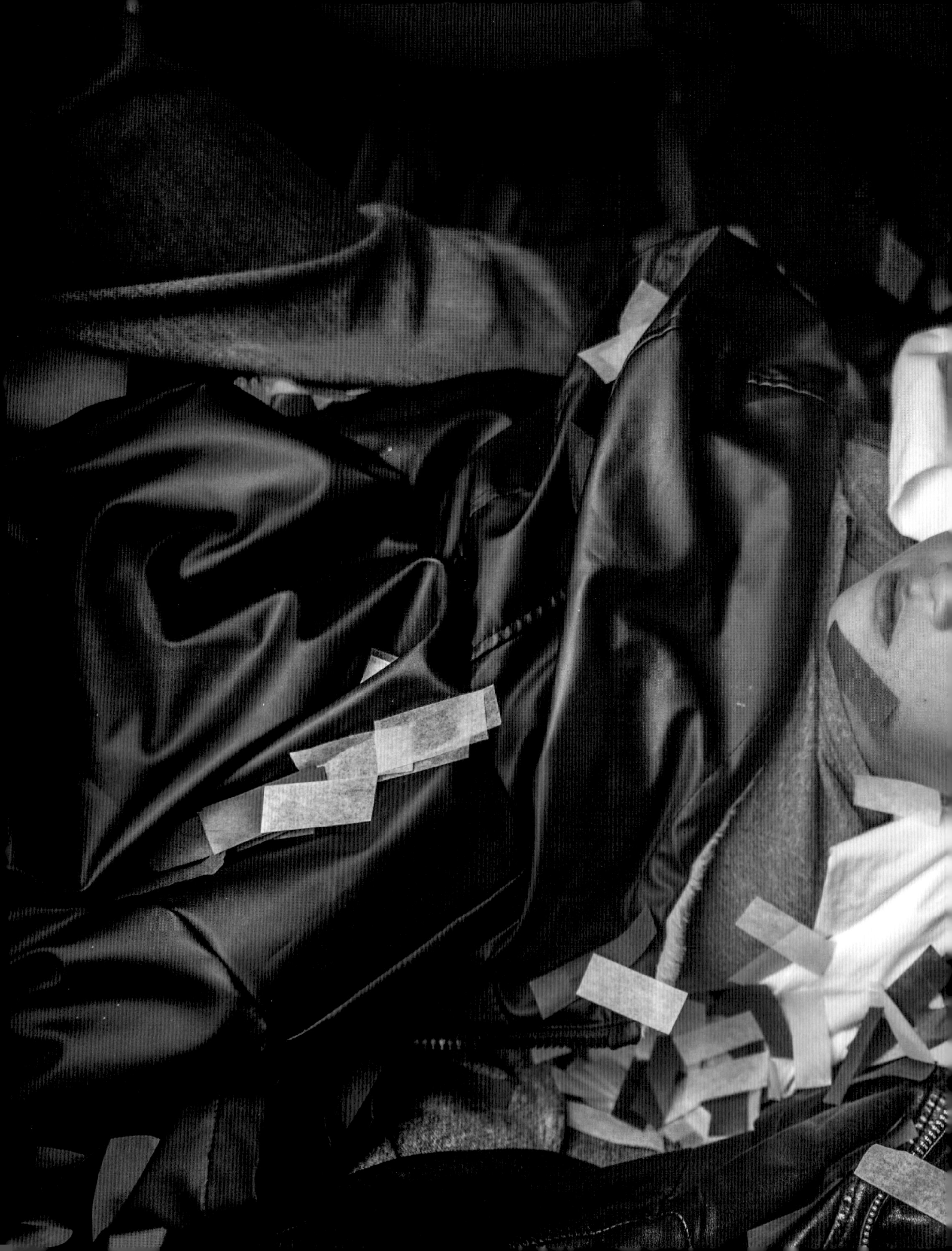

當我自己的小孩面對挑戰時，我會讓他們在那種不舒適的狀態裡多待一會兒。我希望他們能從身體裡真正感受挫折。他們非理解不可——從最深處明白——有時候事情就是會不如已意，而我也不可能替他們掌控一切。所以我引導他們去盤點那些自己可以掌控的事：話語、行動、舉止、態度，以及努力。**換而言之，不是控制不舒適，而是控制自己如何對不舒適做出反應**。這才是最終定義我們的東西。

30

青少年時期做的決定，往往能在數十年後仍帶給你啟示。當我從多倫多回到北卡，升上九年級，我沒有參加校隊選拔，因為我怕自己拚不贏別人。

每個人在人生中都有那種回顧時才發現自己絆住自己的時刻，或是因為害怕失敗——甚至更糟的是，因為害怕嘗試——而做出的選擇。放棄追逐最遠大的可能，改走安全的路。對我來說，這就是一例，而我永遠忘不了那種感覺。

我已經做了決定，然後我的朋友班．沃頓（Ben Walton）在快放學時走過來問我：「嘿，你要去參加校隊選拔嗎？」

我們學校夏洛特基督高中（Charlotte Christian）的校隊選拔將在下週二舉行。班是剛從附近的公立學校轉來的新生。

「不了，」我說。

「你不去？」他開始追問，但我裝出一副無所謂的樣子。說話時，我看著他——比我高了大概四、五吋，也比我壯多了。他應該沒問題，但我不行。

搬去多倫多之前，我偶爾會到現場看夏洛特基督高中的校隊比賽，說白了，他們的球員真的超大隻。那年隊上有好幾個原本打美式足球的選手，還有兩位畢業後去打NCAA一級籃球的球員。他們人高馬大、運動能力超群——飛天遁地、說灌就灌，在場上做出許多誇張的高難度動作。那種等級對我來說遙不可及

於是，我想出一個替代計畫：高二先打二軍（JV：Junior Varsity），祈禱過程中長高一點，然後明年再嘗試選拔。

但二軍球季打到一半，我知道自己做了錯誤決定。我根本具備打校隊的實力，只不過對自己缺乏信心。

後來，我們的校隊在州級季後賽對上雷文史考夫特中學，尚恩．布朗（Shonn Brown）教練把我從二軍拉上來打替補。上場的四分鐘裡，我打得有模有樣，不禁心想：**我竟然錯過了一整年。**但那是咎由自取。**這就是逃避挑戰的後果，我學到了一課**。

我向自己承諾，從此再也不要這樣背叛自己。

20

Rakuten
30

即使到了今天，我有時候仍會希望自己在身體條件上更具宰制力。NBA裡有非常多比我更壯、更快、運動能力更強的球員——尤其是防守者——他們會盡一切手段讓我在場上難受。我可以受困於這些因素，或是因此分心，但這並不會改變任何事實。我就是獨樹一格的籃球員。我會希望自己可以每一球都直接殺入禁區爆扣嗎？當然啊！但我也發現，有些東西比這樣的天賦異稟更有價值。

假如一切都輕而易舉，彷彿奉送到你面前，你就沒機會培養能夠長期支撐卓越表現的動力。若不是有人說我太小隻，無法在場上構成威脅，我也不會擁有現在的自信。為了鼓勵自己，我養成正面自言自語的習慣，因為周遭有太多聲音說我不行。我看起來不像NCAA一級球隊會想要延攬的球員，但我因此更勤於鍛鍊，把作為射手的能力最大化，不只投籃神準，還能靠著全場飛奔累垮任何防守者。

實話實說，我們都知道，不是每一個人都能在追求的每一個夢想中登頂——就像不是每個打籃球的人都能打進NBA。但最糟糕的失敗方式，就是拋棄讓自己與眾不同的特質，只因為忙著成為別人。**在自己與眾不同的地方找到力量**。那才是你的超能力。

這是我最常給予年輕球員的建議之一：接受自己是什麼樣的球員，同時不懈地在優勢上精益求精。這套心法可以延伸到人生中每個場域——校園、職場，或是家庭。不要執著於自己做不到的事——與其耗費時間擔心你無法改變的事，不如把那些時間拿來強化你擁有的技能。

記住，你以這樣的面目出現在這個世上，是有原因的。所以，盡可能善用手上的時間與天賦。

我也還在跟你一起學習這些課題，而且一遍又一遍地重新溫習。

歷史總是不斷重演，真的很瘋狂。我的大女兒開始運動了，但她有時會在自信方面掙扎。打排球的時候，她可能連續發出十顆漂亮的球，然後失誤一顆。那一顆沒發好的球會毀了她一整天的心情。

「嘿，你覺得老爸每球都進嗎？」我問她：「你知道我也會投不進嗎？」

她看似驚訝：「哦，真的嗎？」

「妳覺得我一場比賽會有幾球沒投進？」

「大概……投十球會沒進兩球？」

「懂了吧？」我說：「事實上，比妳猜的多，多很多。」

運動讓你親身學會關於毅力和自信的重要課題——其中一課就是：成功往往包藏很多失敗。所以，因為害怕失敗而不敢嘗試，是沒有意義的。**為了留在舒適圈而逃避挑戰，這才是真正的失敗**。

我現在有機會把這些經驗傳承給我的女兒，而她反過來讓我學習：她開始比較投入——認真看我打球——在場上的時候，我會把這些領悟放在心上。讓孩子們看見你嘗試。投失的球曾教育過你——沒進的球跟投進的球一起造就了現在的你——而它們也能教育下一代。

環顧四周，我們很容易看見處在不同進程的人——他們可能年紀比你大、也可能比你小，或只是處在不同的成長階段——然後拿自己的進度去跟他們比較。但我無法知道他們經歷了什麼才抵達現在的位置，更重要的是，跟別人比較只會帶來一種錯誤的優越感或自卑感，兩者都不能給我精進的燃料。

所以，我選擇戴上眼罩，只跟自己比。下一個挑戰自己去突破的極限是什麼？每次訓練結束之前，我都會投一百顆三分球，這提供一種追蹤每日進境的具體衡量。這允許我成為自己的問責夥伴。

感受固然重要，但數據才能量化。生活中有沒有哪項指標可以讓你追蹤，以便為自己的進境負起責任？

從技術層面來看，**所有頂尖射手全都仰賴一個重點：出手點的一致性**。

出手點指的是投籃時籃球從你的投籃手離開的確切高度與位置。最優秀的球員能在每一次出手重現一模一樣的動作。

如果觀察我本季數千次投籃的照片，上方四分之一的畫面——也就是球從我的手離開的那一瞬——每一張看起來都一模一樣。不管我距離籃框只有兩呎，還是從中線的球隊標誌出手；無論是在倒數階段攻守轉換中旱地拔蔥跳投，還是半夜在自家後院一邊和狗狗玩耍一邊隨手投。出手都是一樣的，無論如何，沒有例外。

you are c

人生中最不舒服的時刻，正是轉捩點。

you're most un-
ole are the
nts in your life.
s how you know
hanging.

而那份不舒服就是你正在改變的證據。

是我爸教我注意別人投籃的出手點，同時也要意識到自己的。一旦出手點穩固而精準，剩下的部分都可以自由發揮。無論在什麼時間點，從哪個位置出手，你都不用再質疑：「這樣投得好嗎？」因為從技術角度來說，你的投籃永遠具備良好出手的一切要素。如此一來，問題變得更有層次：「**現在**這樣投得好嗎？」當我毋須對自己的出手動作多做思考，腦袋就能空出來回答第二個問題題——我可以觀察防守者的動向，掌握隊友在場上的站位，解讀當下的情況。**固定的出手動作解放了我在比賽中所有其他層面的創意**。

就算你了解一致性的重要，有時動作還是會跑掉：球開始稍微偏左或偏右，代表你的投籃在某個地方出了問題。

舉例來說，假如我投籃弧度太平，我知道原因不是球離手時的旋轉不夠，就是手臂的角度太平。

如果投短了，答案很明顯：雙腳給的力量不足。多數情況下，這代表我在出手時把雙腳站得太開。基底要穩，力量才能往上傳遞。所有射手都會遇到這種亂流，**但最頂尖的球員不會慌了手腳**，他們會迅速重新校正準心。

我做出決定的那一刻，是在高一那年，爸媽不得不在同一個週末帶著我奔波往返棒球和籃球比賽之後發生的。

我爸說：「我們沒辦法再繼續這樣下去了。」

「所以，你想專注在哪一項運動？」我媽問：「全心投入的？」

我沒想太久。一旦仔細思考自己真正喜歡練什麼球，答案顯然是籃球。我這樣跟他們說之後，我爸點了點頭。

「好，如果這是你選擇的路，」他說：「那你就必須改變你的投籃。」

我媽也贊同。松婭．柯瑞曾是體育明星，她很清楚這條路的代價。

「你是個很棒的射手，」我爸說：「事實上，你應該更常出手。但以你現在的投籃方式，可能很難適應校隊的強度，因為你的體型偏小。」

換我點頭了。多年來，我拼命想讓自己長高，效果不大，所以這對我來說不是新聞。

「你現在的低出手點容易被蓋鍋。用那樣的姿勢比較難創造足夠的出手空間。」

我清一清喉嚨回道：「對啊。」

「如果你想在下一個階層取得成功，」他接著說：「那你應該考慮在這個夏季調高你的出手點。」他說這會是非常艱辛的工作，我也點頭裝作自己知道那意味著什麼。「你得從頭拆解投籃動作，整套打掉重練。」他說，「你不一定非這麼做不可，但如果你願意，我們會全力支持你，因為我們相信這不只會幫你在校隊取得成功，往後也會幫你在更高的層級上取得成功。」

「我們沒辦法替你做這件事，」我媽說：「但我們會提供所有能讓你摸索清楚的工具。」

選擇權在我手上，而我想要這麼做。但當時的我並不知道前方是一條什麼樣的道路。

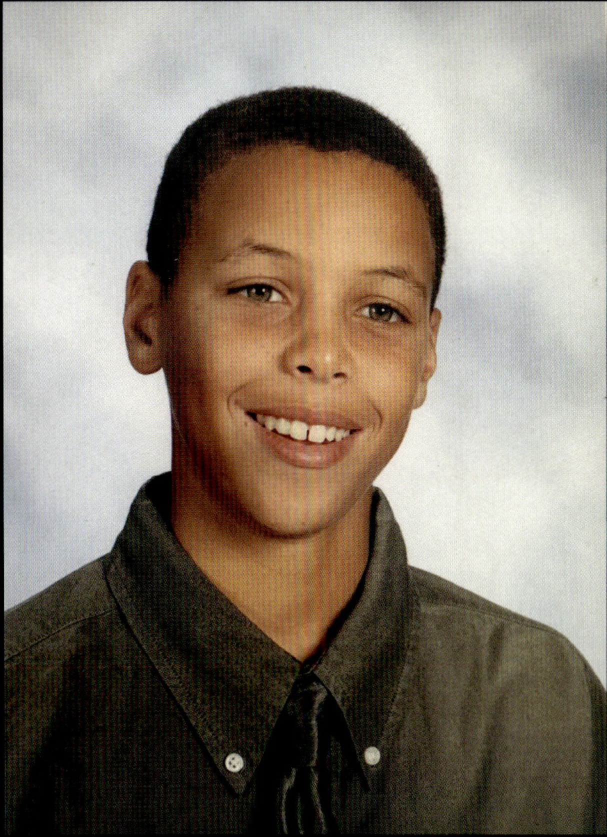

我們家後院有一座白色灰泥牆圍著的四分之三籃球場，兩端各安裝一個斯伯丁（Spalding）籃框。夏天的柏油地會吸收熱氣，從早燙到晚。我每週在那裡練六天，一天練兩回。

我的工作是透過動作矯正投籃（form shooting）重新打造自己的投籃技術。（動作矯正投籃就是字面上的意思：完全專注於投籃動作的一種訓練。）我從投籃的起手式開始，但在原本習慣的彈弓式出手那一瞬停下來，改為慢慢把雙臂抬高。我會用慢動作，一遍又一遍反覆做。

我爸在高中時為了把自己訓練成一名頂尖射手，也曾以這樣的方式訓練。他的教練給了他一把穀倉的鑰匙，穀倉裡地板破爛，但有一個籃框。無論下雨或下雪，不管多冷或多熱，我爸每天都花好幾個小時練投。他明白這樣的過程不能急。多數小孩在禁區投進幾球就會忍不住立刻跑到三分線外，但爸爸教我的是，移動到外線之前，必須先在近距離以完全正確的姿勢不厭其煩練習。**把投籃動作「鎖」進身體的關鍵就是重複**。這就是我初次透過身體——而非理智——理解到偉大的投射來自出手點的一致性。

「我不在乎你是不是在兩呎內連續投進進一百球。」我爸說：「今天我們就只練這個。」然後他就走回屋了。隔天，他還是說一樣的話，我還是做一樣的訓練。這樣的狀況一直持續，直到他看見我的投籃動作始終如一，毫無走樣。如此一來，我才能開始慢慢往外移。

即便這樣，向外移動的幅度小得令人按耐不住。

整整三個月，我沒踏出禁區一步。被我當成目標的高中三分線感覺起來彷彿在光年之外。

這段訓練**苦不堪言**。初學之時，正確的姿勢對身體是種負擔。因為動用到我以前根本沒用過的肌肉，我的手臂痠痛。我在慢動作中摸索新的出手點，覆蓋過往的肌肉記憶，重新訓練我的身體，讓新的出手方式變成不假思索就能不斷重複的動作。

我學會在沒有即時回報的情況下堅持。我以前總以為我身為球員的價值來自出手命中，來自用速度與機智甩開防守者。但我現在學到的是，我的價值來自願意為了進步而付出的努力——來自緩慢、謹慎、持續訓練的耐心，甚至在任何回報出現之前。

每天早上，爸媽從屋裡出來，陪我開始當天的訓練，然後就會留我一個人在場上。他們想觀察我如何養成自律。同時，我弟賽斯也在場上，但他在另一個籃框盡情揮灑，自由自在從各種位置投籃。我羨慕他可以那樣享受籃球。反觀，我在另一頭苦苦掙扎，只盼哪天能離開禁區投籃。

現在回頭看，有賽斯在是件好事。有個一起練球的夥伴讓人安心，哪怕我們根本不在同一條軌道上。我會偷瞄幾眼，看他自得其樂，想起籃球**是好玩的**。我看著他心想：**那是我曾經的模樣，也是我以後努力要抵達的地方。**

當你努力培養一項技能，總會遇到懷疑的時刻：**我真的有在進步嗎？這樣真的值得嗎？**

投資領域有個名詞叫J型曲線。想像頁面上有一個大大的 J：初始的下滑部分代表你投入資源，但沒有任何回報；接著曲線開始向上，然後快速飆升。**無論投入什麼，損失的訊號總是比正面成果來得快**——要花上一段時間，軌跡才會往上。處在下滑階段的你根本不知道何時才會反轉。

倘若單靠立竿見影的效果來獲得動力，麻煩就大了。如果專注於結果，而非過程，你會半途而廢，因為努力也不會讓那條曲線更快向上。

下滑是必然的，所以你必須撐過去。你得設法管理低谷時的情緒，堅守正確的進程，相信那條路終會帶你抵達目的地。

在我努力重建投籃的夏季，我不得不短暫脫離「閉關修練」的狀態，回到現實世界。我已經答應參加學校舉辦的籃球訓練營，不能跟他們說「我還在調整投籃動作」然後退出。我必須上場打球。

我成了全訓練營表現最差的球員之一。我失去過往的射手身分——那個能夠從遠距離彈弓投射的孩子——對新的投動作也還沒有自信。我在球場上找不到自己，而球場曾是讓我感覺最像家的地方。

當時有個叫達米爾．皮茲（Damier Pitts）的傢伙轉學到我們學校，他後來成為廣受延攬的球員。我們原本就有點認識，但他沒看過我打球。他只知道我是戴爾．柯瑞（Dell Curry）的兒子，照理說是夏洛特基督高中籃球隊的未來之星。我們第一次同場競技，我整場比賽沒在禁區外投進一球。

我保證他心裡在想：「我就是為了跟**這種人**打球才轉學的嗎？」我之所以知道，是因為他當著我的面說出來了。我一笑置之，**但在那一刻，我真的好迷惘**。

我太愛籃球了。當你對一件事充滿熱情，渴望在其中成功，你會理所當然相信，投入所有的精力與時間會帶來成果。但那時什麼都沒發生。我向來仰賴投籃得分來建立自信與身分認同，但我現在開始懷疑自己是不是永遠都投不進了。

一直到那年11月我才瞥見些許進展，那時我們的高中籃球隊正要進入季前訓練。

在此之前，除了參加籃球營以及跟弟弟一起打球之外，我都是獨自訓練——只有我、籃球跟籃框。沒有防守者讓我反應，一點實戰的感覺都沒有。

再次跟隊友打球有幫助——感受競技的樂趣與張力。我在家中持續同樣的練習，但現在我得以把在家學到的東西帶進實戰，這讓我對自己正在做的事有了更深的理解，也明白這一切為什麼值得。

並沒有投籃突然變準的開竅時刻。這是一個漸進的過程，但隨著時間推移，我感覺到自己踏上J型曲線的上升段。我又開始把球送進籃框——不是百發百中，但足以讓我重拾信心，敢於嘗試更多出手。

等到大功告成，我的投籃動作——歷經拆解與重建——基本上跟我現在的投籃並無二致。當時我還沒現在那麼壯，所以出手點稍微低一點，但**整體的投籃結構已然成形**。

有時候我會想：如果能回頭對那個獨自在球場練了好幾個月的十三歲孩子說些話，我會說什麼？最老套的說法當然是：「**堅持下去，撐過去就是你的。**」但是，不，我不會這麼說。

首先，我會誠實告訴那個年少的我，這個夏季會是我籃球生涯中最艱難的挑戰之一：為了進化的可能，打掉唯一自認擅長的技能，在過程中感覺想像中的成果遠在天邊。

接著，我再提出我想給的建議：現在的你覺得這已是最艱難的事，但未來的你會用不同形式，重複做這種事上百次。不同的背景與情境，不同的挑戰，但相同的是，過程一樣辛苦難熬，成果一樣遙不可及。未來的你會遇到需要復健的傷病，會度過球隊戰績難看的賽季。隨著時光流轉，挑戰會愈來愈不關乎籃球，愈來愈關乎人生。你必須帶著同樣的能量、專注、細膩與堅持去面對每一場人生的比賽。而你現在正在為此學習。**這份痛苦將在未來的一生給你回報**。

KINGS
22
KNIGHTS
20

我兒子卡農（Canon）的房間牆上有個籃框，他最近開始挑戰比較遠的出手距離。我試著給他一些投籃建議，但他不聽。「才不要。」他說：「我要用自己的方法投。」我尊重他。畢竟，**準備好時，才聽得進去**。

幾年前，我曾經陷入兩個月的投籃低潮。有些球員很害怕低潮這個詞，但若真想解決問題，就要誠實面對。我當時就真的**處在低潮**。

媒體為此事寫了很多文章，因為拿這種題材來寫最方便。他們各自提出煞有介事的理論：年紀大了、季中過度訓練導致疲勞，或是我對球隊感到不滿——其實這些說法通通不對。不過我後來也不再讀那些報導了。雖然投不進能讓你學到教訓，但**過度執著於失敗，只會讓自己無法專注於改進**。所以，當我陷入低潮，我會祭出讓我保持專注的一招：**失憶**。

在比賽的情境裡，失憶的意思是：無論前一球有沒有進，只要一轉身回防，我就把它忘得一乾二淨。當然，有時失手後會想立刻找出原因、馬上修正，在比賽的過程中重新校準。但若遇到比較深層的問題，就該把憂慮留到練球的時候，或是比賽之間。

身為一個射手，最需要的自信就是「**下一球**會進」。要維持這樣的自信——也就是我努力追求的平靜心流——我的任務就是「**別想太多**」。

這樣的道理適用於人生許多其他領域。在表現的當下放任一絲懷疑悄悄溜進來，它很快就會感染整個過程。懷疑和焦慮會榨乾你本該拿來投入當下表現的幹勁和能量。

在那段似乎永無休止的低潮，我會在比賽之間到訓練球場獨自練球。只有在那裡，我才有足夠的靜謐與時間去解析投籃時身體的動作。在那樣的環境中，投籃幾乎成了一種冥想——我讓一切雜念沉澱，盡可能全然進入自己的身體，察覺每一個微小的動作。就在那樣的冥想狀態之中，答案浮現：**問題出在腳底**。啟動投籃時，我的站姿有點前傾，重心壓在腳趾頭，而非以腳掌發力踩地。投籃的力量是從地面向上傳遞，些微的差異扭曲了整個投籃動力線。待力量傳送到出手點，我不是「投球」，而是「丟球」。

我在下一次出手做出調整。球進了。

「哦。」我輕聲說。我又投了一球，進了。再一球，又進了。然後媒體就必須找別的題材寫了。低潮到此為止。

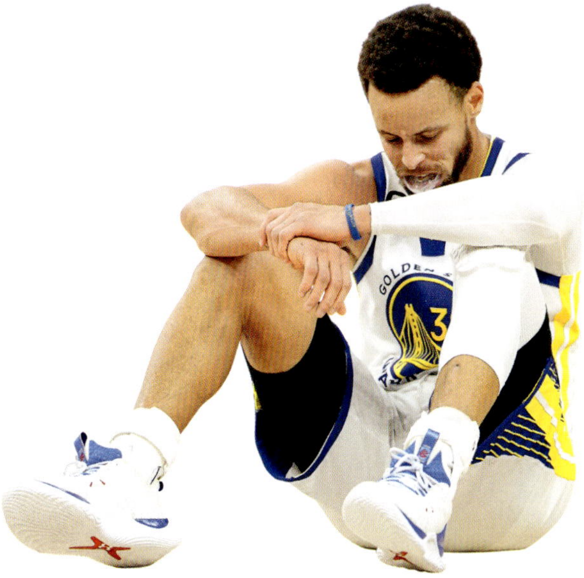

屏除外界干擾並且保持專注，這對年輕球員來說難度更高，因為社群媒體隨時都在提醒你哪球進了，哪球沒進——還會時時刻刻讓你看到其他球員的進球。你可能會看到別人曬戰績，也會忍不住要分享自己的榮耀。甚至，你可能會看著我，或者那些已經站上NCAA、NBA或WNBA舞台的球員，心中升起嫉妒。但請記住，你在媒體上看到的是產品，不是過程。這本書的目的就是揭露沿途的一切——造就我們的顛簸、挫折、失手和錯

PGA
BIOFREEZE
PORTLAND
31

成長的過程中，**試著找到最難纏的對手**。挑戰所在的城市或領域中最頂尖的人。就算輸了，也會學到東西。當對手的實力跟你相距不遠，你只能啃食到競爭的殘羹剩餚。這樣是無法成長的。

到了我高中三年級那年，我和賽斯幾乎天天都在找地方報隊打球。我們最常去夏洛特郊區青少年會館（YMCA）的西斯基分會（Siskey Y），我們以為那裡的對手最強。

有一天我們決定換個戰場——靠近夏洛特市中心的哈里斯分會（Harris Y）。到了該處，我們才發現當地還有許多素未謀面的高手。

比起哈里斯分會，西斯基分會簡直是小巫見大巫。有些在海外打球的職業球員會來哈里斯分會打球，當時效力於夏洛特山貓隊的艾倫．安德森（Alan Anderson）竟然也出現在場上。

我從來不知道被痛宰也能這麼爽。每次被撞倒再爬起來，我心裡都在暗想：
「原來**這**才是我必須追上的層級。」

安德森在場上狂噴垃圾話，用沙啞又不屑的嗓音衝我們說：「你們只敢躲在西斯基分會，沒見過世面啦。」那是我以前未曾體驗過的籃球文化，彷彿不是你死就是我亡。

不過我們還真的贏了安德森他們一場。安德森要求在離開前重賽。想當然爾，他的球隊贏下那一場。抄起背包準備離去的同時，安德森還是一路嗆聲：「你們最強也不過就是上一場那樣啦！你們最強也不過就是上一場那樣啦！」

真是太美妙了。短短兩個小時，我學到未來幾年受用無窮的道理：**在挑戰中被打臉的感覺、從失敗中習得的教訓、跳脫出舒適圈的刺激，還有對抗強敵的價值**。

本來只是想找個場地打球，結果卻找到更重要的東西：對待籃球的新方式。

30

升高四那年暑假，我參加在拉斯維加斯舉辦的AAU錦標賽。全場坐滿大學球探和教練。我心想：「**輪到我發光發熱了**。」比賽打完，我以為爸媽很快會跟我說起那些延攬的來電，結果什麼消息都沒有。我眼睜睜看著那些打不過我的對手收到招募信，拿到獎學金。而我就是沒通過他們的「視覺標準」——我在高三那年只有5呎9吋，到了高四才突然抽高到6呎。

最後，我去戴維森學院（Davidson College）打球。大二那年，我帶領這所只有一千七百名學生的小學校闖進NCAA八強。我們這支中量級球隊一路挑戰強權，殺到最後四強的門口，差點就闖進去了，就只差一顆三分球。賽後，我們在休息室裡痛哭，有個記者跑來問我是否會宣布投入NBA選秀。

在輸球後的那一刻，我的腦海裡根本沒想到這回事。但我突然意識到下一站就是NBA。為了讓自己在選秀會上更具價值，我必須再次進化。所以本來是得分後衛的我在大三那年改打控球後衛。NBA得分後衛的平均身高大約比控球後衛高上兩吋。此外，我也必須成為一個更強大的進攻發動機與得分手。大學是一段精彩的冒險，後來我也多次公開分享那段旅程的細節，在此就不贅述——前方有新的挑戰在等著。

adidas

選秀過程超瘋狂。儘管我的經紀人傑夫．奧斯汀（Jeff Austin）再三保證一切都安排妥當，但每天都會冒出一個新的劇本。傑夫為我排了一系列選秀前的會面與試訓。我總共為四支球隊試訓——夏洛特、華盛頓、沙加緬度，還有紐約。

紐約尼克隊的總教練麥克．狄安東尼（Mike D'Antoni）述說我未來在球隊裡的定位，給出預計要跟我搭配的陣容，包括來自義大利的潛力新星達尼諾．蓋里納利（Danilo Gallinari）以及後來真的成為我隊友的大衛．李（David Lee）。他的構想是重現他曾在鳳凰城打造的高得分球隊，而身為控球後衛的我會扮演史蒂夫．奈許（Steve Nash）的角色。尼克隊將在選秀會上以第八順位選我，這似乎已是板上釘釘的事，狄安東尼甚至拿這件事開玩笑。

距離選秀夜不到兩週，我在位於格林堡（Greenburgh）的尼克隊訓練場館練完球後，狄安東尼走過來。

他皺著眉頭說：「我想我們不能選你。」

我心頭一緊：「哦，為什麼？」

他笑著回答：「因為艾倫．休士頓（Allan Houston）不想變成尼克隊史第二強的射手。」艾倫在尼克隊效力九年，於2005年退休。狄安東尼對我在尼克隊的未來就是這麼有信心。**我也準備好要在尼克隊大展身手**。

THE UNIFORM
COMMON

我跟金州勇士隊之間的對話不太一樣，因為根本沒對話。

勇士隊握有第七順位選秀權，剛好在尼克隊前面。他們覺得選一個連試訓都沒試過的球員太瘋狂了，我爸也向我保證勇士隊不會選我。我以為那是他的經驗之談，殊不知其實**他跟我的經紀人真的有叫勇士隊不要選我**。他們知道勇士隊組織內部正在經歷某種亂流，所以不想要我去淌那攤渾水。我也不知道唐・尼爾森（Don Nelson）在選秀當天致電我爸問他：「你覺得我們選你兒子怎麼樣？」我爸事後跟我說他當時的回答：「不要選他。既然你問我，我就實話實說。別選他。」

選秀大會正式開始。每支球隊有三分鐘的時間可以向聯盟主席呈報他們的選擇，接著由主席親自向現場聚集的球員、球員家人和當地球迷宣佈。跟我坐在同桌的是我的爸媽、我的妹妹席黛兒（Sydel），以及我當時的女友阿耶莎（Ayesha）。我很幸運，阿耶莎．柯瑞現在是我的妻子，但那時的她還叫做阿耶莎．亞歷山大。打從我們十四歲時在教會相遇，我就沒見過更美的女孩。說實話，在當年那個週三晚上的青年團契裡，我根本不敢看她，因為當時的她——現在的她也是——**太令人驚艷了**。她在多倫多長大，我們因為一起回憶一款加拿大才買得到的糖果而產生共鳴。

如今，我們一起看著NBA總裁大衛．史騰（David Stern）走上講台，宣布當年的狀元：「2009年NBA選秀，洛杉磯快艇隊以第一順位選擇布雷克．葛瑞芬（Blake Griffin）。」然後，曼菲斯灰熊隊選了七呎長人哈希姆．塔比特（Hasheem Thabeet）。接下來球隊的選擇從長人轉向像我這樣的後衛。第三順位是詹姆士．哈登（James Harden），第四是泰瑞克．伊凡斯（Tyreke Evans）。這時我開始覺得，之前擔心太早被選中，會錯過加入尼克隊的機會，根本是多慮了。華盛頓將選秀權交易給明尼蘇達，因此灰狼隊握有第五和第六順位。我們整桌人一動也不動，拼命祈禱灰狼跳過我。我暗想，**撐過這兩個順位就好，這樣我就一定能去紐約**。這兩個順位之後，我和尼克隊之間只剩下金州了——而**他們**不可能選我。

當明尼蘇達連續選了兩名控球後衛——瑞奇·魯比歐（Ricky Rubio）和喬尼·弗林（Jonny Flynn）——我心頭冒出一絲惱怒。**連續四個控衛排在我前面**？

輪到金州勇士隊。他們顯然正在認真思考著什麼，因為他們把三分鐘的時間耗盡。終於，大衛·史騰走回台上：「2009年NBA選秀第七順位，金州勇士隊選擇……」

史騰念了我的名字。

我的第一個念頭是：**但我連話都沒跟他們說過啊！**

我從沒聽過這麼大的噓聲。滿場的紐約尼克隊球迷跟我被灌輸的劇本都是：我那晚會以尼克隊球員的身分從麥迪遜花園廣場走出來。

唐·尼爾森有別的計畫。勇士隊原本想要布雷克·葛瑞芬，但他在第一順位就被選走，而明尼蘇達也沒選我，於是局勢對他們來說完全改變。隔天早晨我搭上前往奧克蘭的第一班飛機，感覺起來，這支球隊距離夏洛特的家遠得不能再遠。

Be open to th

Things will h

and sometimes y

they're happ

對未知保持開放。

事情發生在你身上，有時你當下

e unexpected.
ppen to you,
ou won't see that
ening *for* you.

不知道那其實是「為你而發生」。

選秀會那晚，我奶奶跟我說：「金州不是一個城市哦。」畢竟東岸的每個人聽到加州，腦海只會浮現洛杉磯。**我媽甚至不知道勇士隊的主場在加州哪裡**。她說：「我的寶貝要去好遠好遠的地方。」

GOLDEN STATE
30
WARRIORS

我以前只造訪過灣區一次。那年3月，我在那裡打了大學最後一場比賽，對上聖瑪莉學院（St. Mary's Gaels）。我們輸了。那場比賽的觀眾不好惹。

但我後來愛上灣區，愛上關於北加州這些城市和小鎮的一切。說也奇怪，**一個原本與你毫無瓜葛的地方竟然會成為你的家。**

籃球這項運動的諷刺之處在於，**層級越頂尖——從高中到大學，到聯盟，到季後賽——競爭愈激烈，風格愈粗野，打法愈不文明**。這情況也發生在生活的方方面面，你自己可能也注意到了。隨著你的技術把你帶上更高階的舞台，事情並沒有變得容易。你會發現自己可以移動的空間變得更小，場上的摩擦跟阻力則變得更多。對手為了阻擋你不擇手段，愈來愈有侵略性，唯恐丟失一點優勢。比賽明明變得更粗暴，裁判卻反而更不抓犯規。而當他們真的介入，勝負往往只在毫釐之間，以至於任何一個有爭議的吹判都可能改變你的命運。

也許身邊的人早就提醒過你，但在親身經歷之前，你不會相信。攀上更高的層級，卻不得不面對那個似曾相識的問題：**現在**我該怎麼贏？

Warriors
1955-1956
NBA
CHAMPIONS
WARRIORS
BASKETBALL
1974-1975
NBA
CHAMPIONS

當時我對勇士隊近年的歷史所知不多，但我知道他們正處於所謂的「過渡期」，而這當然是好聽的說法。在我被選中的兩年前，他們曾短暫當過季後賽勁旅——2006到2007年令人難忘的「We Believe」賽季——不被看好的勇士隊成為NBA史上第一支在七戰四勝系列賽中擊敗頭號種子的第八種子球隊。那一年，奧克蘭再次愛上自家球隊。然而，幾個深受球迷愛戴的球員隨即被交易，換來一批根本拼湊不來的成員。於是，在我加入球隊的時候，從管理層到更衣室，組織上下瀰漫著失能與不信任。只不過**短短兩年**，整個文化就腐壞了，你也許也曾待過這樣的職場。

掌控人們的感覺是不可能的任務，因此優秀的領導者會建立一種文化，讓情緒能被控制，而衝突能被化解。每個人一條心，眼睛都望著相同的目標，問題往往能迎刃而解。有效的領導者營造誠實與透明的環境。當他們坦率談論自己的不足，其他人就更容易承認錯誤，如此一來，團隊得以及時修正方向，而不是讓問題停留。

反之，走進群龍無首的地方，你會看到人們為了取得一點點控制權而出陰招——流言蜚語、搬弄是非、背後中傷。

這就是當時的勇士隊面對的處境。從曾經團結的We Believe那種「我們對抗全世界」的精神，淪為彼此怨懟。這不只是在說球員，整個組織都因缺乏信任的文化而苦。

就在這樣的時刻，我這個二十一歲的初生之犢，從一所小小的基督教學校畢業，一臉純真走進訓練營。

菜鳥球季開始之前，我先為勇士隊打拉斯維加斯的夏季聯盟比賽。到了那裡，全隊我只認識一個人：安東尼·莫羅（Anthony Morrow）。我跟他在夏洛特一起長大。他曾在前一年能為勇士隊出賽，如今正在努力爭取重回球隊。C·J·華生（C.J. Watson）也在，他曾是田納西大學志願者美式足球隊的球員。他在前一年靠著兩份背靠背的十天短約被尼爾森教練從發展聯盟拉上來，現在要再次證明自己。C·J和安東尼向我介紹這支球隊的概況，說到組織目前有多麼混亂，但也說到**在尼爾森教練的體系下打球有多麼好玩**。

「尼爾森教練都會在練球前五分鐘才出現。」C·J說：「他會在邊線放張椅子，然後等我們熱完身，他就開始喊戰術。」

安東尼補了一句：「然後就開始打球。」

我問：「這就是練球？」

他們兩個一起笑答：「對！」

參加訓練營的第一天，一切確實如他們所述。我們做了一些基本的技巧訓練，只是用來熱身，接著助理教練把椅子放在邊線，過沒多久，身高6呎6吋，年紀六十九歲的尼爾森教練坐了下來。我注意到他手上拿著哨子。然後他用濃濃的中西部口音叫戰術——「四號位側翼！」、「一號位側翼！」、「兩側射手拉開！」——我們就照著跑。他會對速度太慢的球員大吼，或是對不敢出手的球員發火。這套「尼爾森籃球（Nellie Ball）」是他獨創的打法，仰賴速度的跑轟進攻，幾乎不講求防守的基本功。這套系統有時也被稱作「小球戰術」，但本質就是讓尼爾森把手邊最好的球員同時放上場，不管他們原本打什麼位置，只求以最快速度把球送進籃框。整個訓練營下來，我們頂多只做了一次防守練習。這也是「尼爾森籃球」最常受批評之處——太過偏重進攻，而且球員輪換看起來毫無章法，對球隊的防守體系造成傷害。

聽到尼爾森教練跟ESPN說使用這樣的戰略是因為巧婦難為無米之炊，我忍不住笑了。「只有在你手上沒有一支好球隊的時候，才不得不用『尼爾森籃球』。又或者，隊上有幾個不錯的小個子球員，卻缺乏能打的大個子。」他說：「當你帶到一支爛隊，就要靠創意去贏下一些本來不會贏的比賽。」所以，**也許當時的我們就真的是一支爛隊**。

「尼爾森籃球」確實拓展了我的進攻視野，但它的核心條件——快速出手、跑贏對手——本來就是我的風格。如今，在教練的堅持之下，這變成全隊的風格。在一支跑轟球隊裡，我不確定要如何讓自己脫穎而出。

It's not bragging to embrace these little wins, and it's not prideful—

I was just celebrating a turn of the J-curve. The investment was beginning to pay off.

擁抱這些小勝利，既非誇耀，也非自負。

我只是在慶祝J型曲線的轉折，先前的投入終於開始有回報。

身為一個菜鳥球員，你一直在等著「終於知道自己在做什麼」的時刻出現。

當那樣的時刻到來，你會有點嚇到——隨著比賽的節奏做出該做的動作——然後你會想緊緊抓住那種感覺。你會想把那個瞬間帶回家，像獎盃一樣收藏起來。但不要只是反覆重播那個精彩鏡頭，享受多巴胺帶來的快感，而要利用這個把未來的成功視覺化。

訓練營的我需要這樣的時刻。除了我以外，其他人好像都熟知戰術跟比賽的節奏。他們全都曾在NBA出賽，熟悉聯盟更快的速度與更強的肢體碰撞。而我只能邊打邊摸索。

終於，我等的那一刻來了。現在回想仍歷歷在目，彷彿我才剛練完球開車回家。我們在奧克蘭訓練場館的左側場地打練習賽，我的球隊在攻守轉換間發動快攻，我們的明星後衛蒙塔・艾利斯（Monta Ellis）把球往前甩給我。

尼爾森教練對於攻守轉換有一種非常特定的堅持——靠快速推進與決策創造出一種動能，徹底利用防守方給出的所有空間。他的理論是：如果放慢步調，讓防守方重整，優勢就消失了。聽起來簡單，做起來並不容易。

我接獲蒙塔的傳球，下球運球，找到一個可以切入的空間。擋在前方的是身高6呎5吋的壯碩防守者凱蘭納・阿祖布克（Kelenna Azubuike）。我在剎那間換手運球變向，他被晃往一邊，我則衝向另一邊。甩脫防守的我離籃框不遠，拔起來跳投——**唰一聲破網**。

我內心狂喜，但我知道必須裝酷。這還滿難的，因為我其實快要樂瘋了。但我不得不逼自己冷靜，要是被其他人發現我有多爽，往後都會被當成笑柄。不過，如果你去問我在菜鳥年的室友克里斯・斯特拉坎（Chris Strachan），他會跟你說我那天練完球衝進公寓一開口就是：「欸欸，你不會相信今天發生什麼事！」

我甚至特地把影片弄到手，但要掩飾一下自己的饑渴。我跟負責處理影片的助理教練說：「嘿，可以給我今天練球的影片嗎？我想溫習一下戰術。」

但你我心知肚明，我要那段影片其實就是想看自己那記換手運球。一看再看。我想牢牢抓住那個瞬間。

我在訓練時觀察蒙塔・艾利斯。他沒跟我說過一句話，但他的天賦不需用言語解說。**蒙塔是個天生的好手，有著無可匹敵的求勝心**。他在2005年從密西西比州傑克森的高中直接被勇士隊選進NBA，自此帶著傭兵的心態打每一場球。無論球隊組織有多亂，他的態度永遠是：「把球給我，我就拿分。」他在「We Believe」的成就中扮演要角，卻沒有從媒體那裡得到太多讚譽。尼爾森教練甚至落井下石，說他是個「很難帶」的球員。

蒙塔和我一樣是6呎3吋的後衛，所以他不怎麼歡迎我的到來。在那年的季前媒體日，他向記者表示，球隊不能同時在後場放兩個小後衛。這句話其實有道理。在後場同時擺上兩名矮個後衛**確實有困難**。但考量到他的說法與時間點——外加我跟他連一句話都還沒講過——嗯，感覺起來就**有點怪**了。而媒體也抓到機會大作文章。

實情是這樣的：蒙塔當時才二十四歲，卻已經是一個老將。他幾乎是被逼著扛起領袖的角色，因為那支球隊沒有其他更清楚的核心。他還在學習怎麼當隊上的大哥，也在不久之後完美詮釋。看著他成長到足以承擔那樣的角色讓我學到很多，我也對此心存感激。不過，先不談領導——我在菜鳥年對蒙塔最深的印象是，能跟人稱「密西西比子彈」的蒙塔一起打球真的太過癮了。他對防守施加壓力，電光石火甩開糾纏，從各種角度把球放進籃框。那是以NBA速度現場播放的大師級課程。我愛跟他一起打球的每分每秒。

我們的第一場季前熱身賽是在10月4日對上快艇。前往甲骨文球場的車程中，我緊張得不得了。雖然我從小在這樣的環境中長大——也從小就想像著這樣的時刻——感覺起來還是有如靈魂出竅。我不敢相信自己真的要踏上NBA賽場。

然後，我第一節都坐在板凳上。

因為尼爾森教練在季前熱身賽使用他所謂的「冰球輪替」——也就是五上五下。所以我只打第二節和第四節。前十二分鐘都坐著旁觀，這稍微舒緩了我的緊張。我在第一節回頭看了一眼觀眾席，甲骨文球場大概只有半滿。這不是好兆頭。

對了，我們以108比101贏下那場球。我九投中二，拿了五分。

賽後尼爾森教練受訪時給我這樣的評價：「**也許看起來不太像，但他的手腳其實很快**。有朝一日，他會成為一位特別的球員。」有朝一日，但顯然不是今日。

遇到新的教練或主管時，你會想要展現出自己是個受教的人。沒錯，他們必須贏得你的信任，但也要知道你不會浪費他們的時間。他們很早就會測試你，給你一些明確的指示，看你聽進多少，如何消化理解。倘若你連在賽前或是訪談的情境下都做不好，那真正比賽時就更不可能拿出表現。

其中有些教導會以批評的形式出現。但永遠要記住，你來這裡就是為了得到提點——想要進步，就別怕被人指出弱點。

不要因為批評而畏縮。如果批評是對的，就虛心接受。**如果批評是錯的，就證明給大家看**。

RRY

到了現在，我賽前還是會緊張——不管是例行賽、季前賽，還是總冠軍賽第七戰都一樣。我明白自己無法阻止這股巨大的緊張感在賽前湧來，但我可以在它抵達時學會控制。

我有一套簡單的方法——你現在就可以和我一起嘗試：做幾次深呼吸，帶著意識做，真的讓你自己慢下來。讓心為身定調，而非身為心定調。

呼吸是我在打籃球時的身心交會點。我一路做這個練習，從訓練營、季前熱身賽、例行賽，到季後賽甚至更遠。

我也在自己的籃球訓練營裡教導年輕球員這個簡單的呼吸技巧，因為我知道他們的氧氣有時追不上他們的精力。他們只想上場，幾乎不用熱身，更別說在打球的同時注意呼吸了。然而，學會有意識的深呼吸，不僅能幫助他們冷靜，還能提升處理資訊的能力以及做出反應的速度。

下次你在重大的任務或計劃前面對自己的「賽前緊張」，別忘了採用這個方法。注意到造成緊張的因素，然後有意識地放慢並且深化自己的呼吸。有時間的話，可以一起床就做這套簡短的呼吸練習。因為從睜眼的那一刻起，神經系統就開始試圖加速你的思緒，逼你用不必要的超快速度處理資訊——這可能導致錯誤。即使面對的是你的「第七戰」，為了求勝必須使出渾身解數，也要記得提醒自己的身體：這只不過是另一個日子，好好呼吸。

不要害怕緊張，也不要希望緊張消失。你之所以緊張，是因為這件事對你來說很重要。你永遠不會想要這種感覺停止。

BRYANT
24
30
WARRIORS

我打完第一場季前熱身賽後五天，尼爾森教練按表操課——照樣讓我坐滿第一節——但我一點也不介意——因為那十二分鐘，我在洛杉磯論壇球場的場邊，近距離觀賞柯比·布萊恩（Kobe Bryant）打球。

第二節，我終於上場防守。我不是負責守柯比，但我在其中一球跟他對位。他開始背框單打，我聽見他發出「**嘶——**」的聲音向隊友要球。那是黑曼巴襲擊前的警告。

天啊——我心想。**真有這回事？**我試圖守住柯比，但他的位置愈來愈有利。就算我用更粗暴的動作撞他，他還是一路把我頂進禁區。

「**嘶——**」他用右手向隊友要球的同時，另一隻手往我的小腿招呼，手指張開，抓住靠近我腳踝的部位。我試著掙脫，但真的動不了。我知道這是犯規，所以望向裁判。裁判就這樣站著看，無動於衷。我朝著裁判喊：「欸、欸、欸！」但裁判就只是盯著我。柯比的手掌全程鎖住我的腿，我瞥見他臉上浮現一絲幾乎看不見的笑意。

終於，柯比接到傳球，一個試探步，轉身走底線，上籃得分。他回防時完全沒有回頭看我。我彷彿靈魂出竅，旁觀自己打球，腦裡冒出旁白。首先是「**哇，這真的發生了。**」接著是「啊，他把我打爆了。」最後是一陣深深的難堪——我這隻菜鳥竟然試圖在季前熱身賽跟裁判討犯規。

這**確實只是**季前熱身賽，但我已經明顯感受職業籃球的身體對抗以及比賽強度。**我想世上沒有比防守柯比那一球更速成的洗禮了**。歡迎來到NBA。

沒人覺得我該在例行賽開幕戰先發，那也許是隊內政治鬥爭的結果。話雖如此，我在季前熱身賽後段打得不錯，我覺得先發的位置是靠自己爭取來的。尼爾森教練也這麼想。比隊上某些資歷比較深的球員更早獲得這樣的機會，身為新人的我心裡難免不自在，但我試著享受這一刻。

我相信人可以選擇快樂。我無法控制別人對我擔任先發的反應，但我可以選擇讓這件事帶給我快樂。

甲骨文球場的更衣室旁邊有一個小空間，賽前有全職牧師在那裡帶一段大約十五到二十分鐘的禮拜。在我生涯第一場例行賽之前，參加禮拜的有我、另外三位勇士隊球員，以及兩位火箭隊球員。

我現在仍會確保自己在每場比賽之前空出一段時間靜心讀經。對我來說，帶著信念上場就跟呼吸一樣自然，也跟呼吸一樣必要。我第一次參加大學練球之前，媽媽傳訊息跟我分享她最喜歡的一節經文。那是《羅馬書》第八章第二十八節：「萬事都互相效力，叫愛神的人得益處，就是按祂旨意被召的人。」這節經文至今仍是我面對挑戰時的依靠。這段經文不只優美描述了推動我前進的信仰，也傳遞出一種強而有力的豁達——無論發生什麼，都順其自然。球離手的那一刻，信心和信念讓我相信結果將有利於我。這不代表每球都會進，這代表所有結果都事出有因。你控制你能控制的，但在你之上還有更高的力量指引萬事萬物。最終，一切終將發展成應有的模樣。

我不是會拿聖經去訓誡別人的那種人。我很樂意談論自己的信仰，抓到機會就會分享，但我也會用行動說話。在籃球員之前，我是一個丈夫，也是一個父親。而在這些身分之前，我是一個信仰上帝的人，那是我一切作為的根源。所以，想了解我和我在球場上的表現，就得理解我的信念與初心來自何方。

從甲骨文球場的第一場比賽開始，我就養成賽前在更衣室旁的小禮拜堂靜心讀經的習慣。這讓我記得上場打球的目的。而那個小房間裡總是充滿感恩的精神——我們有義務活出配得上所蒙福份的樣子。

我在菜鳥球季那年兩度和艾倫・艾佛森（A.I.）交手。第一次是他短暫效力曼菲斯灰熊隊的時候，另一次則在兩個月後，當他回到費城第二次率領七六人隊。那是艾佛森在聯盟的第十四個球季，也是最後一個球季。他把我電爆了。

A.I.——身高只有六呎的致命武器——是我從小到大最愛的控球後衛之一。我很多運球動作都在模仿他，或者至少試圖模仿。見到那些我自小研究學習的傳奇球星時，我總提醒自己要保持冷靜，因為現在的我不是在場下觀賞他們打球——是在場上跟他們一決雌雄。但我還是無法完全壓住心裡那聲「哇」。我竟然要跟A.I.同場競技。不，不只如此，負責防守A.I.的人就是我耶。

我知道怎麼防守艾佛森。或者說，我以為我知道，畢竟我從小在腦海裡跟他對位過無數次。但他痛宰我。A.I.不只一進聯盟就改變了比賽——他持續進化。

這些年來，A.I.也曾回應我對他的敬意。有一次A.I.在電視節目上把我選進他心目中的史上最佳先發五人。**我把那段影片珍藏在手機裡**。

我常常想起第一次和A.I.交手的情景——我剛進聯盟，而他已經快要退休。如今，我成了跟新人們交手的老鳥。他們從小研究並仿效我的打法，有時我甚至覺得我在跟鏡子裡的自己對戰。所以我也要跟當年的A.I.一樣端出新把戲。

然後，輪到我電爆他們。

那場開幕戰，我們輸給火箭隊，下一場又輸給了鳳凰城太陽隊。之後偷到一場勝利，接著又連吞兩敗。

我體認到一件事：**團隊的化學反應需要時間培養**。每個人都知道化學反應對贏球有多重要，所以當球隊處於連敗，自然會有一股急迫感，想要加速彼此之間的連結。但最深層的化學反應往往是一群人同在一艘船上經歷起伏之後自然而然產生的。

某種程度的化學反應來自於擁有共同目標，但有時真正的化學反應是在共渡的逆境之中誕生的。當隊友遭遇困難，留心觀察。他們可能在這樣的時刻展現潛力，解鎖下一個層級。見證這個過程會讓你跟他們的旅程產生連結。

這種無形的連結會轉化為場上的成果，讓你在剎那間準確評估風險。要是這一球我沒有出手，我是否可以仰賴隊友們做出正確選擇？人們常說，想要贏球，就要研究並尊重你的對手，那你的隊友呢？深入認識並肩作戰的夥伴並珍視他們的長處，這是你在往後能否領導團隊、有效分工的關鍵。

GOLDEN STATE
5
WARRIORS
GOLDEN STATE
22
WARRIORS
0
30

那是我們第一趟客場之旅。我們在印第安納，剛剛以14分之差敗給溜馬隊。賽後，七個隊友同去當地一間牛排館吃晚餐。吃到一半，史蒂芬・傑克森（Stephen Jackson）拿起手機打給記者馬克・斯皮爾斯（Marc Spears），在我們所有人面前破口大罵，因為馬克在一篇報導中引述幾位不具名的球員說勇士隊已經受夠了傑克森的交易謠言，對年輕球員的影響尤其大。哦，傑克森把手機轉為擴音模式，把對方罵個狗血淋頭。我們全都呆坐在原地，被傑克森的激情怒吼震懾住了。我那時才意識到自己也無意中參與了更衣室裡的「謠言傳播鏈」。那一刻，我的眼界又開了一點——縱使有個打NBA的父親帶著我長大，我尚未見識職業球員生活的這一面：更衣室的生態以及與媒體之間的衝突。

「除非從我嘴裡聽到，不要相信任何人說的話。」傑克森講得很清楚：「等我知道，我就會讓你們知道。」

那晚我開始思考**我自己**想要別人知道什麼，他們需要從我這裡聽到什麼。那晚我在推特上——那時推特才剛出來沒多久——打了一段話：「向所有勇士隊球迷承諾……我們會把事情搞定……哪怕拚到最後一口氣，我們也一定會把事情搞定。」

我按下「發送」。事後回想，這樣其實有點自以為是——身為菜鳥的我哪有立場代表整支球隊發言。但我用了「我們」，這一點很重要。當你不習慣一直輸球，一定會坐立難安。你有一種責任感——一種很深的渴望——想要改變現狀。**但要扭轉局勢，不能靠「我」，要靠「我們」。**

It's nev
proving other
It's a
proving yo

重點永遠不是證明別人錯

r about
people wrong.
bout
urself right.

而是證明自己對了。

所以，球隊每一天都必須自問：「我們所做的一切是否都讓我們離冠軍更近？」

「今晚的打法能否讓我們在季後賽走得更遠？」

如果你的目標是奪冠，就必須每天都用這樣的標準來衡量自己。拿出卓越表現，就會迎來成功。

以最高標準約束自己，是一種美感。

唐・尼爾森教練接連幾場把我冰在板凳，一句話也沒解釋。那時的我正努力在NBA站穩腳步，然而上場時間卻從每場三十分鐘左右陡降至十二分鐘。

有一次作客紐約，我打了1分05秒的球，教練就把我換下來。在那場慘敗的尾聲，連尼克隊的球迷都開始呼喊，要求尼爾森教練把我放場上。他總算妥協，讓我在比賽最後1分30秒再次上場。那種感覺五味雜陳：很高興有球迷替我發聲，卻又不甘於只是上場把垃圾時間耗完。我想要有意義的上場時間。

我最近回想起那些板凳時光，因為有個年輕球員來請我給建議。他擔心長時間坐板凳會讓手感冰冷，等到被換上場時可能會狀態不佳。我給了他五、六種場邊熱身方式，幫助他做好隨時上場的準備。他的心態是對的。

耐心，永遠是被迫學會的。當你覺得自己的上場時間不夠（沒有人覺得夠），當你覺得自己如同隱形人，這時最不想聽到的就是耐心的益處。但事實是，這段枯等的時間會教你怎麼成為更好的球員，只要你願意學習。

那些看似原地踏步的時間，正是做好出手準備的時機。就像準備接球投籃：鼻子向後、腳趾向前、臀部下沉、雙手張開——等球真的傳過來，你不會措手不及。

在我的菜鳥年，NBA有幾個年輕控衛爭奪第一把交椅，包括朱·哈勒戴（Jrue Holiday）、泰·勞森（Ty Lawson）、傑夫·提格（Jeff Teague）、布蘭登·詹寧斯（Brandon Jennings），還有我。詹寧斯對我來說並不陌生——他是全美四大高中後衛之一，與哈勒戴、泰瑞克·伊凡斯和蘭斯·史蒂芬森（Lance Stephenson）齊名，但他走出不同的路，成為首位跳過大學直接進軍歐洲聯賽的美國球員。現在，他從義大利歸來，年紀比我小一歲，卻跟我在同一年進入選秀。我跟他一起參加過幾次選秀前的試訓——一次在沙加緬度、一次在華盛頓。他後來以第十順位被密爾瓦基公鹿隊選中。

在那個賽季的第一趟客場之旅對上公鹿隊，尼爾森教練還是讓我從板凳出發。我在這場比賽獲得比平常更多的上場時間，斷斷續續打了二十六分鐘；而詹寧斯打了四十一分鐘。第二節，我們嘗試在防守端夾擊他。他從左側掩護繞出來後，用一記快速的左右換手運球突破中路，我被晃倒在地，幾乎是坐在原地眼睜睜看他殺到籃下製造犯規，得到罰球機會。到了第三節，詹寧斯殺紅眼，單節狂砍29分，最終全場轟下55分，也就是俗稱的「雙五」（double-nickel），成為NBA史上最年輕突破單場50分的球員。

反觀，我還在數算自己上場幾分鐘。如果連待在場上都是奢求，我要怎麼證明自己的能力？**但我心裡明白自己的實力絕不亞於這些同輩，甚至猶有過之**。我只是需要思考的時間——也需要上場的時間。

BUCKS
3
CURRY
30

NCAA

前往克里夫蘭打下一場客場比賽之前，我的經紀人特地請人剪了一支我大學時期的賽事精華影片。他跟我說：「別忘了你是能打的。」

我看了影片，發現當時的我在場上不只是依照戰術跑動，而是切換到另一個檔次。**不只是找到節奏，而是手感發燙，近乎著火**。

我知道那把火**還在燒著**。我依然擁有那把火。有時候，我們都需要這樣的提醒。前往克里夫蘭的途中，我感覺到那股自信回來了。

第一次在克里夫蘭打比賽的前一晚，我人在勒布朗·詹姆斯（LeBron James）的家裡。他比我大四歲，但在聯盟的資歷比我多了六年。一年半之前，我還讀大學二年級，勒布朗到福特球場（Ford Field）看戴維森學院對威斯康辛大學的十六強賽。這位未來名人堂成員，甚至有可能是史上最偉大的球員，在那天送了我一件簽名球衣，親筆寫上：「致北卡籃球之王。」我一直把它懸掛在爸媽家裡——那件球衣對我來說就是這麼重要。

他家地下室裡設有一條保齡球道，我在那裡第一次見到他的兒子布朗尼（Bronny）——才剛滿五歲的他已經結實得像一輛小坦克。勒布朗跟我沒談論隔天的比賽，我倒是稍微透露勇士隊的近況。史蒂芬·傑克森和阿西·勞四世（Acie Law）正好在那天被交易。勒布朗沒說什麼。

他到比賽結束後才給我回應，在他們打敗我們**之後**。

他把雙手放在眼睛兩側跟我說：**你在職業生涯之初就要看見隧道盡頭的光**。**縱使球隊尚未做好爭勝的準備，你也必須設法讓自己變強**。想想**自己**每天要做些什麼，建立幫助**自己**在未來走向成功的習慣。如此一來，等**球隊**迎來機會，你已經準備好為那樣的時刻挺身而出。

你得學會把輸球帶來的雜音和干擾隔絕在外，專注於自我提升。

我懂。你也懂。但有時候我們都需要他人提點。勒布朗在那一刻給了我這份激勵，而我現在把這份激勵傳遞給你。如果你是隊上新秀、正在等待投資者，或是帶一支還在磨合期的團隊，不要虛擲這段時間。釐清自己想成為怎麼樣的球員，待機會來臨，你才能起身領導。

JAMES
23
TO THE KING
OF BASKETBALL IN
NORTH CAROLINA

You have to appreciate your competition. Approach them with **respect** and what I call **appropriate fear**—
after all, they're coming for you. That's the only way to beat them.

你必須欣賞競爭對手。帶著尊敬以及我所說的「適度畏懼」來面對他們——畢竟，他們衝著你殺來。這是擊敗他們的唯一方法。

雖說唐·尼爾森教練想要一整年把我放在板凳上，他也快沒人可以用了。史蒂芬·傑克森被交易、蒙塔又負傷一陣子，勇士隊的陣容基本上成了升級版的發展聯盟球隊。

隊上氣氛並不好，但我們找到一個團結的理由：為唐·尼爾森教練追逐勝場紀錄。六十九歲的他待在聯盟的時間夠久，正在逼近藍尼·威肯斯（Lenny Wilkens）教練保持的例行賽勝場紀錄，也就是1,333勝。我們只要在那年拿下 二十四勝就能讓他破紀錄——在八十二場比賽中贏二十四場就好。

但一波又一波的連敗——這裡九連敗、那裡六連敗——讓如此簡單的目標都看似遙遠。況且，那一季就是尼爾森執掌兵符的最後一個賽季。雖然他曾跟媒體說，如果老闆願意，就算不支薪他也願意再帶勇士隊一年。這種事情不可能會發生。

終於，到了3月，**這支始終找不到身分認同的烏合之眾意外抓住冠軍文化的一個關鍵要素**：**共同的目標**。

我們要送尼爾森教練二十四場勝利。

挫折之所以存在，是為了教會我們什麼，而非永遠定義我們。**若屈服於敗者心態，往後就會一直找到不同的輸法**。這適用於個人，也適用於你身處或帶領的任何團隊。吸取教訓，但不要讓失落感殘留到下一場比賽。

我二十二歲生日隔天，3月15日，我們在主場出賽。第四節，湖人隊領先六分。我帶球推進，假動作晃開防守者，後撤步出手，擦板命中。

此時，攝影機正好拍到坐在板凳席的柯比，他靠過去對亞當．莫里森（Adam Morrison）說了句話：「這傢伙還不錯。」我後來看到那段影片，第一反應就像個超級迷弟：「柯比在講我欸。真的嗎？真的假的啦？」

後來柯比又表示，雖然我跟他面對比賽的方式不同，我們兩個都願意為了贏球不擇手段。唯一的差別是，我笑容可掬，他不怒而威。

柯比在2015年受ESPN的麥可．威爾本（Michael Wilbon）訪問時如此評論我：「他有一種非常可怕的冷靜，那是極端致命的武器。他沒有情緒起伏，他不糾結剛剛發生的事，也不擔心接下來發生的事，他就是專注於當下。」

我帶著喜悅打球，我的風格就是這樣。但爭勝之火在我內心深處熊熊燃燒。玩心背後，潛藏著鮮少有人察覺的殺手本能。但柯比察覺了。

你可以讓對手筋疲力竭。

第一節，他們身心飽滿，腎上腺素飆升，心裡想要怎麼做，身體就能怎麼做。那是他們最難對付的時候。

但是，等到第三節再來看看。第四節又會怎樣？這是我目前所有訓練的核心目標。其實這一直以來都是我潛意識中的戰略，早在高中和大學時期就如此：全場飛奔、無論持球或無球都要跑動，整場比賽都不要停。場上總有比我更壯更快的人想讓我寸步難行。我的對抗方式就是永遠不在同一個位置停留超過一秒。

正是因為這樣，我需要更多上場時間。

讓我有點驚訝的是，這一招竟然這麼有效。進到聯盟的時候，我以為每個人都擁有頂級體能。但其實許多球員只是仰賴一直以來對他們有用的東西——天賦、身材，或是運動能力上的優勢。

體能訓練的真諦就是讓你隨時打出自己的最佳狀態，而不是偶爾爆發幾波。有些人可以臨陣磨槍，等到「關鍵時刻」才拿出超人般的專注力。但我相信每一刻都很關鍵。

穩定而持續地輸出能量，投入努力——整整四節比賽，甚至整個職業生涯——這樣理想多了。

把自己訓練成永不停歇的球員。

球季進入尾聲。我們在4月4日擊敗多倫多暴龍隊，讓唐．尼爾森教練追平紀錄，但馬上輸給戰績跟我們差不多爛的華盛頓巫師隊。

我們終於在明尼蘇達拿到教練需要的關鍵一勝，唐．尼爾森正式成為NBA史上最多勝的教練。我們賽後馬上慶祝，在4月份的低溫中往彼此頭上澆水，儘管在四場比賽之後我們就要以26勝56敗的難堪戰績結束這個賽季。

我不知道如果沒有這個共同目標，那一季的我們會變成怎樣。**但就算身處絕境，只要有一個比自身更遠大的奮戰理由，你就能撐過去。**

自信是解鎖潛力的終極工具。菜鳥球季的後段，我能感覺到自信增長。在場上與聯盟幾支比較強的球隊以及頂尖球星對戰，我的表現並不遜色。

觀察下一代球員時，我也看到同樣的轉變。當球員跨過那道自我懷疑的門檻，**向自己**證明了自己，就會用不同的眼光看待比賽——以及自己。就拿崔．楊（Trae Young）的第二季當例子吧。他在幾場比賽的第四節爆發，連續命中關鍵球，率隊取勝。他因此知道自己可以在最高層級、最大壓力的舞台上發揮，在那一刻真正成了職業球員，不再是膽怯摸索的新秀或半生不熟的業餘人士。經歷這樣的轉變，球員的狀態從此不同——你可以專心打球，不用再試圖證明任何事。你唯一需要的認可就是**結果**。

有過幾次這種時刻——連自己都嚇到的爆發性成長——自信就會盛開。於是，你解鎖了「我獨自升級」的通關密碼。

OKLAHO
CITY
Rakuten
30

GOLDEN STATE
30
WARRIORS
SPALDING

職業生涯之初，你可能忙著吸收各種經驗，沒意識到自己其實已經準備好了。直到某天走上球場，你突然感覺此處就是自己的歸屬。你不再苦苦追尋解答，祈求一切順利。**此刻你相信了**，自己**本來**就該成功。

TCC
30

菜鳥球季末，我了解自己的技術——穩定的投射和細膩的球風——能讓我在NBA立足。不過我也同時看見接下來要採取的步驟，為了進步而必須做的事。

我要練得更壯。當時的我很瘦，這主要在防守端造成麻煩，對上比較大隻的進攻球員，我就會失去有利位置。但這其實也影響到我的進攻。每次切入禁區，我都會被撞得失去平衡，讓我很難好好把球傳出去或是上籃取分。

身為球員，就是要不斷進化。就連聯盟裡那些橫空出世的天才球員也一樣，縱使他們得天獨厚——擁有非凡的體型優勢或身體素質——也是不進則退。七呎長人必須學會投三分，起跳有如飛天的球員也必須提升場上視野。對於我們這些天賦相對平凡的球員來說，進化更為重要。隨著比賽層級變高，競爭強度也節節攀升，你在往上爬的過程中扮演的角色可能無法複製到頂級舞台。

長遠看來，你不能單靠一招走天下。就算爐火純青，也要調整適應。

第二個球季開打前大概一週，某天練完球，我的手機響了。整個訓練營期間，我都打得有點掙扎，投籃效率不佳，整體數據下滑。

我接起電話，是蒙塔打來的。

在我的新人年，我倆之間的關係算不上深厚，但我其實很欣賞他——平常沉默寡言的他三不五時會來一句神回覆。某次，全隊在場上練球，蒙塔看起來有點慢熱，我忘記是哪個助理教練對他喊道：「嘿，蒙塔，這組戰術你能跑嗎？」
蒙塔嗅了嗅空氣，鼻子輕哼一聲說：「別急嘛，我沒聞到爆米花的味道，你準備好爆米花了嗎？你想現在就看我表演，還是再等一下？」

我到現在還會借用那句話。

但從籃球層面來說，我們的戰術理念搭不上線，彼此也尚未建立作為隊友的信任感。

所以他的來電有點像是天外飛來一筆。

他問：「喂，我想知道你最近是不是壓力很大？」

我說：「對啊。」

「你面對外界的期待，我也一樣。」

他說他看得出來我在場上過度思考，他說得沒錯。他跟我聊起年輕時的經驗，說他也曾被批評的聲音佔據腦海——你只是盡己所能做著自己熱愛的事，旁人卻不停指指點點。

他告訴我：「照自己熟悉的方式打球就好。」

蒙塔沒義務為我做這些。沒有人有義務。我知道他之所以這麼做，部分出自現實考量。因為如果球隊想在那一年取勝，我的表現會是關鍵。我們的後場雙槍組合，就是我和蒙塔。他也清楚，跟他當年在We Believe年代當小老弟的時候相比，球隊已經大不相同。那批人全都離隊了，如今他成了隊上的老大哥——未滿二十五歲的他即將迎來個人在聯盟的第六季。

他還很年輕，但正在扛起領袖的角色。我也必須尊重他的蛻變。我們之間的相處模式正在轉變。而那通簡短的電話幫助我脫離綁手綁腳的窘境。

The body responds to the mind.
An obstacle to the work can help you see how much you love the work.

Let that clarity and gratitude drive you.

身體會回應意志。
每一道阻礙都會讓你看清自己的熱情。

讓這份清晰與感恩成為前行的動力。

我以往未曾帶傷上陣。我曾在大三那年扭到左腳踝——在情人節當天對戰傅爾曼大學，距離比賽結束十分鐘的時候——但我之所以記得那場比賽，是因為我的女朋友阿耶莎特地來南卡看我。她坐在觀眾席上舉著兩個牌子：「柯瑞，快點」（Hurry Curry）和「做我的情人」（Be My Valentine）。二十一歲的我們正在熱戀，約會時會把冷凍披薩熱來吃，特別節日的夜晚就去附近的澳美客牛排館。我們到現在都還記得彼此習慣點什麼：我吃凱薩沙拉加牛排，她吃椰子蝦。

那年的情人節，阿耶莎第一次到現場看我打球。因為她在場，對我來說，那場比賽成了那個球季最難忘的一場勝利，就算扭了腳也沒關係。那次傷得很輕，我只缺席一場，下個週六就回到賽場。

但到了我打NBA的第二個球季，距離當年情人節扭傷才一年半，我的右腳踝卻開始反覆翻船、扭傷。我記得最清楚的一次發生在2010年12月8日對上馬刺隊的比賽。難得在場上打比較久的我接獲快攻長傳，轉身衝刺，結果右腳突然翻船。就這樣自己翻船，沒人碰我。

我看過很多球員落地時以不幸的角度踩到別人的腳，因此扭傷。但那時我附近根本沒人。我在那一刻意識到自己可能真的有問題。我在菜鳥年常常自問「**我強到足以在這個聯盟立足嗎？**」如今，問題變成「**我的身體打得了球嗎**？」

那是全新的挑戰：承受傷痛、開刀、復健、然後再次受傷的循環帶來的精神損耗。這樣的日子持續了整整一年半。

現在回頭看，我對那段磨練心存感恩——還好是在年輕天真的時候經歷這些。那帶來一種近乎執念的專注：唯一的目標就是把身體養好。先把自己放回場上，才有機會成為想成為的球員。

我在2011年5月動了第一次腳踝手術。NBA在7月1日宣布封館，因為兩年來的勞資談判破局——球團方要求削減現有以及未來球員合約的總值，並主張實施硬性薪資上限。當球員工會拒絕讓步，球隊老闆們隨即宣告封館，禁止球員進入球隊設施，也不能與隊職員進行訓練。當時沒人知道要到12月才會重啟訓練營。阿耶莎和我在那年7月30日於夏洛特結為連理，婚禮地點就是我們九年前初相遇的教堂。為了接近家人，我們在夏洛特買下一棟房子，同時打算生兒育女。

術後康復期間，我不知道要拿多出來的時間做什麼。一直以來，我的生活圍繞著旅行與賽程，最重要的是訓練：訓練前的準備、正式訓練、訓練後的恢復。
在這一連串的變動之中，**我一度迷失方向**。然而，我的耐心即將迎來回報。

2022

克雷・湯普森（Klay Thompson）初次走進勇士隊更衣室就直接坐下，雙腳往自己的更衣櫃一翹，拿出報紙讀了起來。那是12月，我們正要開始封館後的2011-2012賽季。克雷在首輪第十一順位被選中。跟我一樣，他也是NBA球員的兒子。跟我不一樣的是，再過一個半小時就是他生涯第一場NBA比賽，他看起來卻完全自在，心如止水。

在球隊經歷過往兩季的動盪之後，這感覺像是一個全新的開始。克雷與新教頭馬克・傑克森是組織文化轉變的一部分。現在的更衣室歡迎每個人帶著完整的自我走進來，每個人都可以**做自己**。

球隊的拼圖——球員、教練、文化——似乎開始湊出模樣。更重要的是，就算一切尚未完全契合，**我們也知道彼此走在同一條探索答案的道路**。

那時的我們不知道自己即將展開一段什麼樣的史詩旅程。

2012年3月13日，兩台球員巴士開往沙加緬度，我搭的是第一台。車抵球場，球員往客隊更衣室走，準備貼紮熱身。我也跟著進去，但沒有換上球衣，又是因為右腳踝。兩天前出戰快艇隊，我才打十分鐘就再次感覺到那陣熟悉的刺痛。

更衣室的氣氛沉悶，帶點不安，不是因為球隊戰績不好——我們覺得還有時間拚季後賽——而是因為距離交易截止只剩四十八小時。這段時間總會讓球員坐立難安，但今天的低氣壓特別明顯。**現在是怎樣？**我暗想。

我抬頭看更衣室裡的電視螢幕，底下有新聞跑馬燈——「突發消息：勇士隊將蒙塔・艾利斯、艾派・尤度（Ekpe Udoh）與夸米・布朗（Kwame Brown）交易至公鹿隊，換來安德魯・波格特（Andrew Bogut）。」

就在此時，蒙塔從第二台巴士走進來，剛跟他的經紀人講完電話。他對這個消息處之泰然，內心受創可想而知，但外表堅定。我們在震驚中彼此道別，三位被交易的球員隨即離隊。

緊接著，總教練馬克・傑克森把我叫出更衣室。他的身高跟我差不多，可能稍矮，但他總是會搭著球員的肩膀，藉此彌補身形上的落差，拉近距離。

「我要讓你知道一件事。」他壓低音量，只有我聽得見：「他們本來也想把你放進交易案。」

他們？是指公鹿隊還是勇士隊？但傑克森教練沒讓我追問。「不管出於什麼原因，最後沒有那樣定案。」

他停了半晌，加重握在我肩上的力道。「算是我插手阻止的。」馬克・傑克森教練說：「我告訴他們，**我要把球隊的鑰匙交給你**。我真的對你有信心。我們只要設法把你的身體養好。」

我點頭說：「好。」

「賽季接下來的重點就是這個了，讓你恢復健康。等你準備好了，這支球隊的鑰匙就交給你。」

我再次點頭。

「我跟他們說，由你來主導，我們會成為具有爭冠實力的球隊。」他把聲音壓得更低：「可別讓我食言啊。」

"You're getting the keys to the team."

「這支球隊的鑰匙就交給你。」

我當時還沒準備好聽到這句話。

當升級的邀請來臨，你可能還沒準備好，但我的朋友兼保全尤瑟夫．懷特（Yusef Wright）說過一句我愈來愈欣賞的話：**學生準備好的時候，老師自然會現身**。老師不一定會改變你的本質或是做事情的方式，但他們會幫助你用新的角度看待自己。或者，他們只是單純告訴你：**時候到了**。

他們可以為你描繪願景，但你必須自己踏進去。那一刻，傑克森教練為我描繪的願景是：我不只可以當一個偉大的籃球員，也可以當一個領袖。

我不只是還沒準備好聽到我將領導球隊的訊息而已。**這個想法差點把我嚇死**。我有自信，但也一直保有適量的不安全感。就像信仰不是毫無質疑，勇氣不是毫無恐懼，自信也不代表毫無不安。**努力掙得的自信讓你有能力相信願景，但同時保有提出一些疑問的適量不安全感**。你會看見未來的可能性，然後說：「好，這樣不錯。但我們要怎麼做到？」。

PS4
WARRIORS

傑克森教練是激勵人心的高手，他有一種天賦，能讓我們相信他說的話。在賽前的更衣室裡，他像一位牧師兼說書人，有時啟發我們成為最好的自己，有時為我們捏造出針對對手的敵意。這支球隊正在尋找身分認同以及信念基礎，而傑克森教練提出的定位是：「我們能夠在任何一場比賽擊敗任何一支球隊。」不是「將會」，而是「能夠」。我們確實擁有贏球的實力——如果有人仍抱持懷疑，教練會為我們灌輸自信，讓我們打得彷彿真的相信自己無所不能。

那是我的第三個球季，傷勢仍然纏身——只打了二十六場比賽，同時得知休賽季將再次進行手術的我需要那樣的信念。我們以二十三勝四十三敗的戰績結束那年的縮水球季，無緣擠身季後賽。但我們開始做好出手的準備——**蓄勢待發，一旦機會降臨，我們有足夠的自信成為極具威脅性的勁旅。**

我在2012年4月第二次動刀，醫生跟我說有三種可能的情況。幸運的話，他們只需要清理右腳踝，這樣的恢復期比較短——大概三到四個月。或者，他們會發現我需要重建腳踝，這樣要休養六個月左右，而且結果不確定。最糟的情況是需要更深層的干預，這樣就連何時能夠走路都無法預估，遑論打NBA比賽。手術的當下有太多未知。

但我始終知道自己的信仰。信仰是我生命的核心力量。上帝把我安置在哪裡——無論是NBA的球場還是手術台——都是要我去幫助他人。我再次仰賴《羅馬書》第八章第二十八節，在人生的每一階段都給我力量的經文。

手術團隊先把攝影機送進我的腳踝，看到過往傷勢留下的殘跡，一堆組織碎片與軟骨雜質——但沒有結構性損傷。聽到他們的解說，我鬆了一口氣。他們成功清除疤痕組織以及鬆散碎屑。我之後可以重返球場。

那是一段非常可怕的歲月，但同時也是一種祝福。**恐懼帶來的禮物就是讓你明白自己對什麼心懷感激**——對我來說，就是在支持之下做我熱愛的工作。

EXIT

復健是我這輩子做過最艱難的事。現在人們知道故事的結局，但當時的我看不到隧道盡頭的光。我每天去復健中心，舉步維艱，一步一步向前。我覺得自己跟球隊徹底脫節。**我在那一刻意識到，儘管一心想成為世上最頂尖的球員，我更想要的，其實就只是打我愛的籃球。**

兩次手術至關重要，但真正讓我的職業生涯出現關鍵轉捩點的是手術**之後**的作為。我在恢復期間盡力聯繫各路專家，請教如何更有效照料身體。在勇士隊日後的體能總監凱凱·萊爾斯（Keke Lyles）的協助下，**我懂得「練壯」的真義**——不只增肌，還要重新訓練動作模式，讓身體以更高的效率運作，同時強化核心肌群。萊爾斯引導我接觸一些未曾嘗試的練法，例如針對髖部的高精度瑜伽動作以及針對臀部肌群的六角槓硬舉。我像在修一門人體解剖學的課，理解身體每個環節如何相互協作。我敞開胸懷接納所有能幫助自己變得更好、更壯、更健康的新方式。但若非受傷，我不會培養出這種海納百川的心態。

If that's all I'd be able to do,
then that's what I'd do.
But I had to do it.

假如這是我唯一能做的，
我就會去做。
我不得不做。

WARRIORS
BASKETBALL

人生會用有趣的安排把你放在該待的位置，藉此讓你看清該做的事情。當時我沒意識到，但作為傷兵的我仍在學習如何成為一個領袖——不是透過言教，因為我尚未贏得發言權，而是透過身教。我每天都現身，為求進步而努力。這份日復一日的堅持——不只隊友們看在眼裡，教練、球迷，甚至媒體都難以忽視——建立起一種信任，而那正是領導力的基石。

屢戰屢敗的時候、心生懷疑的時候，無論我在坐板凳或是在做復健——我一直都在我該在的地方。

人生把你放在你該待的地方。接下來，就看你有沒有做好出手準備。

Part 2

領袖

Leader

The Height of the Arc

拋物線的至高點

球員的目標就是盡可能把比賽變簡單。

為了解決一個問題，我開始做更多的跑動，並從更遠的距離投三分球。有時最大的革新——不管在體育、商業、科技，或政治領域——往往始於兩個簡單的問題：為什麼這麼難？我該怎麼把它變簡單？

進攻時，我的難題是防守，而解方就是「空間」。距離籃框愈遠，我與防守者之間的空間就愈大。空間愈大，打球就愈簡單。

我的思考過程就是這樣。我只是根據對手的防守作出反應。這適用於籃球，也適用於人生其他方面。距離競爭愈遠，對手就愈難防你出手。所以，來聊投籃吧。

30
30 CURRY

沒錯，從那麼遠的地方頻繁出手，本身就帶有一種膽識。但當球一顆一顆破網，我就知道這並非運氣。**我忍不住想要再來一顆**。

當時，沒有人像我這樣把遠距離三分球當作武器來使用。我在2012–2013賽季破了NBA 記錄，投進272顆三分球，比前一季的三分球紀錄多出106顆。而我這些三分球的平均出手距離比全聯盟其他三分球遠了一呎左右——這個距離在往後逐年增長。

洞察力——也就是做出聰明且有序的決策的判斷力——是可以教的。

我大學時的教練鮑伯・麥基洛普（Bob McKillop）給隊上每個球員不同的「出手許可」。每個人都知道自己能從球場上哪些位置出手，因為教練有一對一向球員說明清楚。他跟其他兩個可能會想嘗試的球員說他們**不能**從弧頂投三分球：「從底角出手，沒問題，但如果你從那裡出手，我就馬上把你換下場。」我被允許從任何位置出手，但重點是我要靠實力爭取，而且這份許可也隨時可以被撤銷。

大學是教練比較能夠微觀管理球員的階段，他對投籃選擇的嚴格要求幫助我內化「好的出手」的判斷。進到 NBA加入勇士隊，馬克・傑克森教練直接接受我不尋常的出手選擇，連一次正式談論都不需要。沒人管我，是因為我不需要人管。傑克森教練信任我，因為他知道我投的每一顆球都是練過上千次的——而當我開始把這些球投進時，他更不想要在火熱的手感上潑冷水。

我投「Logo Shot」的投籃機制跟在禁區出手時一模一樣。如果籃下的出手不完美，三分線外的出手就更不可能完美。

射程的延伸建立在正確的投籃機制上，這個順序不能顛倒。

隨著我的三分出手量與效率不斷提升，其他球員也開始調整自己的打法，趨勢影響所及不只NBA。現在，九歲小孩一進球館就開始從四十呎外遠射，失手的同時還一邊大喊「柯瑞！」（順道一提，拜託不要在那些離譜的投籃影片上標記我，我從來沒叫他們那樣投。）有些人說他們是「柯瑞世代」，但我不太喜歡這個稱呼。在我的訓練營遇到這些小朋友，我一開始就會打開天窗說亮話：「**這是一段過程。終點是樂趣，但起點是禁區。**」

GIRLS
BASKETBALL
CHAMPIONS
WELCOME TO
SACRED HEART PREP
VISITING SPECTATORS
WELCOME TO
SACRED HEART PREP
GAMEDAY OPS
BLAZERS

RORS
KETBALL

我們很飢渴。雖然我們的戰績依然是聯盟中段班，但我有時候會聽到球評說我們有可能奪冠——而且不是玩笑話。

這批球員不曾贏過**什麼**，所以光是想像冠軍，就讓我們踏入情緒上的未知領域。眼前是一個嶄新的機會，背後則是一位能在更衣室為球員灌注信念的神奇教練。

As you evo
to teammate
doing t

進化的同時，也要敞開

ve, be open
and partners
ne same.

夠接受隊友和夥伴的進化。

我和克雷在練球時總會盡情較量，從中成長——我們都愛投籃，也享受跟勢均力敵的彼此一較高下。他在菜鳥球季努力爭取上場時間，而我則與傷勢纏鬥。

如果要我從零開始教一個人打籃球，就像捏一塊黏土（開個小玩笑，克雷Klay的發音跟黏土Clay一樣），我會教他仿效克雷·湯普森的投籃，告誡他：「投籃就**應該是這樣**。」**克雷的投籃在結構上無懈可擊**，有條有理，出手點高，微偏側邊，好讓他清楚看到籃框。

然而，克雷的動作再怎麼完美，如果叫我嘗試他的投法，球不會進。他的動作一板一眼，不符合我的人體工學。我的動作比較鬆散隨性，連腳趾的方向都偏左，所以視覺上不如克雷的投籃優美。

克雷的投籃動很有趣，因為他的個性完全不是一板一眼。跟他並肩作戰讓我時刻記得打球本該是快樂的。

PACERS
GOLDEN STATE
30
WARRIORS
GREEN
23

Rakuten
30
NIKE

就在前幾天，有個菜鳥小聲問我：「欸，你怎麼看待垃圾話？」

我想了一下。「我不需要把垃圾話當作競爭手段。」我回答：「但我喜歡有意思的嗆聲。」

如果你在場上對我說垃圾話，我會回你幾句。但一個搞笑的表情或是表示我正在享受比賽的笑容——其實比氣急敗壞的回嗆更有力量。然後我會來一段「抖肩舞」，因為這會讓他們**超不爽**。

準備好面對場上有人對你不敬。接納，然後扭轉——把它想成一種讚美。**沒有人會貶低一個不構成威脅的人**。

我很喜歡反過來利用負面的事情。我曾聽一個僧人說，每次聽到警報都要提醒自己呼吸並且冥想。對你不敬的人就是警報。深呼吸，然後明白自己占了上風。

那麼，如何打造一支冠軍陣容？

先把數據丟一邊。組建一支冠軍隊，你需要數據上看不出貢獻的隊友。我說的是那種數據顯示「上場十五分鐘，拿下五個籃板、兩分，也許一助攻」的球員——但如果你真的看完整場比賽，就會發現他無所不在。

能量、組織進攻的能力與籃球智商——這些才是讓他成為勝利關鍵的元素。

除非有人特別指出來，不然一般球迷也許不會注意到。然而，其他球員看得一清二楚。身為球隊領袖，你會希望**那種球員**在自己的隊上。如果他在敵隊，可就頭痛了。

CURRY
30

找人合夥創業的時候，你要小心別挑到一個跟你過於相似的人——**重疊的技能和思維無法讓你獲益良多**。這個道理在打造贏球文化時一樣適用。假如有兩個史蒂芬·柯瑞領導球隊——兩個在領導風格上都趨向沉穩內斂的球員——更衣室裡就會少了一些能夠激勵團隊去追求偉大的能量（還有音量）。有時球隊需要靜謐沉著的堅毅領導，但有時球隊也需要一個攪動氣氛的人。好在，我們找到最適合的不二人選。

想當然爾，我說的正是卓雷蒙·格林（Draymond Green）。他是2012年選秀的超值之選，以第三十五順位被選到，然後讓這支球隊脫胎換骨。你不一定能從數據上看出他的才能，但只要有看比賽，就一定會注意到他的影響力——他就是會做出幫助球隊贏球的動作，沒有一次例外。

人們說我和卓雷蒙之間有「心電感應」，能夠提前兩步知道對方接下來會做什麼。這種默契是一點一滴累積出來的，但老實說，我們兩人幾乎一開始合作就在無球跑動上有著不錯的化學反應。年復一年，我們在這份基礎上添加信任——於是我們更敢於探索與嘗試。我們漸漸理解，球隊的最佳運作方式是讓我和克雷無球跑動，讓卓雷蒙持球。一個前鋒扮演這個角色並不常見，但卓雷蒙的拚勁、球商，以及球員間愈來愈強的化學反應為我們的進攻開啟無限的創意可能。這種打法跳脫傳統，但我們知道，只要把球傳到卓雷蒙手上，他就會在場上做出正確的決定。

我們有了三大核心：我、克雷，以及卓雷蒙。我們都還年輕，還在摸索可能性。我們知道自己正在走向王朝的建立嗎？呃，不知道。還在拼命擠進聯盟中段班的我們**絕不會**這麼想。

但有場比賽值得一提。

地點在邁阿密——2012年12月12日——正值熱火隊的「三巨頭」時代：勒布朗、德韋恩·韋德（D.Wade），以及克里斯·波許（Chris Bosh）。他們是衛冕冠軍。

比賽倒數十二秒，兩隊打成平手，我們叫了暫停。傑克森教練沒有畫戰術讓某位特定球員做最後一擊——誰有空檔就由誰出手。換做其他球隊，這種情況一定會找我或克雷，就算硬傳也要強行把球送到我或克雷手上，但勇士隊不一樣。最後一波進攻，賈勒特．傑克（Jarrett Jack）把球運到三分線與罰球線之間，準備出手的同時發現卓雷蒙在籃下完全沒人防守。卓雷蒙拿到球，在比賽時間剩下不到一秒的時候上籃得分，幫我們拿下比賽。

我們今年還一起重看那段影片——有點好笑，因為我們關注的其實不是那球，而是進球後每個人的反應。我們慶祝得像是贏了總冠軍賽第七戰。

那場比賽改變了我們。我們以前當然也贏過球，但這一場是對上聯盟最強的衛冕冠軍。我們展現了潛力——誠如傑克森教練所言，我們真的可以在任何一場比賽中擊敗任何一支球隊。**而我們每晚都會全力以赴**。

GOLDEN STATE
30
WARRIORS

另一個特別的夜晚即將到來。

2013年2月27日，在麥迪遜廣場花園對上尼克隊。

我在第二節中段就知道這場比賽非比尋常。我已經連得15分，接著在快攻推進中拔起來投三分。那是用來測試手感的出手，比平常我會投的球更瘋狂、難度更高。但當你手感正熱，感覺每一球都會進的時候，就會想要試試看自己有多進入狀態。球破網而入。

可惜，我們輸了那場比賽，但傑克森教練讓我打滿四十八分鐘。我轟了54分，也是我當時的生涯新高。我慶幸自己的體能撐得住。因為在此之前，關於我的敘事總是離不開傷病和身材。

第一位為尼克隊在電視或電台擔任轉播工作的女性朵莉絲・柏克（Doris Burke）說：「很多人質疑這個6呎3吋、185磅的男人到底能不能在聯盟立足。他今天粉碎了那些質疑。」

那場比賽改變了敘事的方向。人們不得不開始認真看待我。我不再是一個問號，我證明了自己能打。

賽後有人問我比賽時在想些什麼。我那時才意識到，在當時生涯最高得分的那夜，我腦中什麼都沒想——那是我打球以來最無意識的出手經驗。比賽在我的周圍狂亂運轉，但我的內心波瀾不驚。

然而，比賽結束，噪音又湧了回來。我想到那些曾經在麥迪遜廣場花園砍下50分以上的球員：喬丹、勒布朗、柯比、1984年聖誕節的伯納德・金（Bernard King）……這些名字把我從平靜無波的心靈狀態中拉出來。打完比賽，我才真正感受到那一夜有多特別。

我們總算在2013年闖進季後賽——那是勇士隊自2007年以來首次打進季後賽。例行賽47勝35敗的我們以第六種子晉級，首輪將對上第三種子丹佛金塊隊。我們輸了第一場，然後贏下第二場。就在那場勝利之後，傑克森教練對媒體說出一句引爆無數專欄文章與反駁聲浪的話語：「我認為克雷．湯普森和史蒂芬．柯瑞是NBA史上最偉大的後場射手組合。」

記者們馬上拋出一堆其他「偉大的後場組合」來挑戰這個說法，但他堅守立場，反唇相譏：「不信就來打我臉。（Call my bluff）」

或許我曾在心裡某個角落偷偷想過，克雷和我真的在做一些特別的事。但是，真有人願意舉起麥克風在眾人的嘲笑中大聲表示他相信你？我和克雷絕不可能自己說出那樣的話，但當傑克森教練願意賭上聲譽為我們背書，我們開始敢默默對自己說：**嗯哼，也許我們真的是史上最偉大的後場射手組合。**

教練跟媒體說：「不信就來打我臉。」**當有人這樣力挺你，想要為他證明的動機成了很強大的力量**，強過想要證明某個質疑者是錯的。我們下定決心把教練說的話變成現實。

GOLDEN STATE
11
WARRIORS

NBA App
State Farm
@NBA
STATE WARRIORS
COOK
25
WIGGINS

當我遠距離出手而且百分之百確定會進，有時球還在半空我就轉身回防。這個招牌動作後來被稱為「射後不理三分彈」（no-look three），而我就在2013年對上丹佛的季後賽首輪第四戰首次秀出這招。那場比賽在甲骨文球場進行。我在第三節中段殺紅了眼，幾乎彈無虛發——六分半鐘內連取22分。

我在那一節的第一次出手是底角的空檔三分球，就在丹佛的板凳席正前方。你可以想像他們對著我背後噴的垃圾話。嗯，其實你可能沒辦法想像，因為內容真的太惡毒了。

但那些言語也在出手的瞬間給了我額外的動力。球離開指尖的剎那，我心想：**我從沒感受過這樣的出手**。

這球必進。我的心裡沒有一絲懷疑。

球都還沒飛到最高點，我就轉頭了。根本不需要看。轉身的同時，我睥睨丹佛板凳上的球員。我就這樣繼續回防，然後球破網而入。

曾有人問我：「這樣你怎麼知道球有沒有進？」

答案對我來說顯而易見：「看觀眾的反應就知道了。」

我的射後不理三分彈也曾經失手，這是難免的。你也會遇到這種情況——無論在球場或是人生——百分之百確信自己搞定，在前往下一個階段的同時才發現自己失手了。

不過，好消息是：你已經動起來了，**下一球就會進**。

我喜歡射後不理三分彈的原因之一是，轉頭不理結果的動作一直受到正確的解讀：這是果斷信念的表現，而非漫不在乎。相信我，我等著聽觀眾的歡呼聲。

抱著懷疑行動，無法成就偉大。無論做什麼，都要在心中裝滿即將達成目標的正面想法。**相信自己的準備，相信自己的能力**——你可以掌控的因素——自信會給你巨大的優勢。

球隊要努力讓自己值得擁有球迷。那時的我對甲骨文球場和「勇士國度」（Dub Nation）球迷還一無所知。

然後，我們打進季後賽。每次主場比賽開打前二十分鐘——當球迷還在陸續入場，球場大概七成滿的時候——觀眾席已經在高喊「**勇士隊**」。

我沒有要貶低其他球隊球迷的意思，但勇士隊球迷簡直是助威藝術的天才。別的球迷真的比不上。

一切始於他們對比賽走向的理解。他們早早定調——甚至在比賽開打之前——讓客隊一進球場就感受到主場的威壓。身為球員，你不希望主場觀眾靜靜等到好球出現才爆發歡呼。勇士國度就是刻意要馬上把能量拉滿。

然後，當關鍵時刻到來、精彩鏡頭出現，他們發出海浪般的呼聲——但這群球迷和這支球隊之間其實還有更深一層的羈絆。有時候，連續三波進攻沒能得手，士氣會有點下滑，球員會有點沮喪。哨聲出現、喊了暫停、死球狀態。勇士國度的球迷知道該怎麼做。你能感覺到他們正在集體想著：**好，我們需要一些氣勢，死氣沉沉可不行**。

全場站起來讓你知道球迷們都還在。這不只是單純為好球歡呼的嘈雜場館，而是支撐自家球隊的主場後盾，在需要的時候為我們灌注力量。我希望每個球員都能遇上這種好事，但勇士國度不是誰都能擁有的。他們是終極的主場優勢。

首次殺進季後賽的首輪，我初次感受到每一位球迷都盡全力把這支球隊推向更高的地方。

我們用六場比賽淘汰丹佛金塊隊，下一輪的對手是馬刺隊。我們被這支冠軍級別的勁旅打敗了。第二戰，我們在第四節一度取得17分領先，他們逆轉超前。比賽最後三秒，我們又以127–126反超，結果馬紐．吉諾比利（Manu Ginóbili）投進致勝球，一記實實在在的絕殺。

對我來說，輸球是生命中最糟糕的感覺。我會走出來，學到東西，然後繼續前進——但在輸球當下，我會被拉進幽暗的低谷。而且那時大眾仍不願給我們應有的肯定，即使我們知道自己在這一季已經有所突破。把勇士隊視為有機會奪冠的球隊，對許多NBA專家而言還是個陌生的想法。

但我們透過那個系列賽明白自己能做到什麼程度。當我從落敗的悲慘情緒中走出來，我的心裡柳暗花明：**我們會以此為起點持續向上**，而且我們會捲土重來。

領袖會盡可能把功勞歸給團隊。你在這世上完成的任何偉業，都不是靠你一個人做到的。隊友就像股東——每個人都要投入，才能共享收益。

2013年7月30日，我和阿耶莎結婚兩週年那天，我人在坦尚尼亞的尼亞魯古蘇（Nyarugusu）難民營。我跟著聯合國基金會發起的「Nothing But Nets」一起前往東非，這項計畫旨在對抗瘧疾。主要透過蚊子傳播的瘧疾是撒哈拉以南非洲地區兒童死亡的主因之一。蚊帳被證實能夠降低九成的感染風險，所以我在2012–2013賽季發起「Three for Three挑戰」——我每投進一顆三分球，就捐出三頂救命蚊帳。

我就在那年創下單季最多三分球命中紀錄，總共投進272球。成功本身就是動力，**但我最有意義的成就都來自追求比自身更遠大的目標**。

與阿耶莎相距數千英里的我試著透過某種衛星電話跟她分享所見所聞。資料顯示營區內有六萬名流離失所的剛果難民。身為新手父親——大女兒萊莉（Riley）才剛過完一歲生日——我向阿耶莎描述我見到的父母，他們無法保護自己的孩子不受瘧疾所害。幾乎每一位跟我交談的父母都表示自己的小孩曾染瘧疾，或在瘧疾最為致命的兩歲前過世。

我走過產房，看見母親們正在為已經感染瘧疾的嬰兒哺乳——那些無辜的小生命睜著無助的大眼，還躺在母親懷裡，卻已受疾病侵襲。我的目光落在牆上一張海報，上面的統計表列出醫生正在處理的各種疾病，還有營區過去六個月內兒童的死亡數。那個數字在我腦中形成一個目標——我知道我們可以讓這個數字下降。

戶外有幾個會打籃球的孩子，他們就著不知哪弄來的籃框用白線在紅土上畫出球場。這讓我想起多倫多的中學，夏洛特的青少年會館，還有剛加入勇士隊時的訓練營——我又一次透過打籃球與陌生人產生連結，找到社群的感覺。我主動教他們一些技巧，也示範了幾記三分球，但真正的大場面——應該說我以為的大場面——是我真的把球灌進。換做在甲骨文球場，一定會歡聲雷動——我想我去年整個賽季可能只灌了三次籃。但在這裡，沒有人鼓掌。

我開玩笑說：「他們不知道對我來說灌籃有多難。」

民權運動領袖布萊恩・史蒂文森（Bryan Stevenson）曾說：如果想改變什麼，你必須先靠近——但一旦靠近了，你就能改變世界。我透過打籃球體會這個道理：當你真正靠近一位隊友，觀察他移動的方式、思考的方式、面對壓力的方式，並且理解什麼會讓他快樂，學到的東西絕對不是統計資料可以告訴你的。待在難民營的經驗也讓我明白，世上任何數據都無法讓我真正了解瘧疾對個人造成的影響——寶寶、母親與父親。如同我從父母那裡學來的，體育是能夠跨越隔閡的語言。就算在那樣的營地，我也能與周遭的人們建立連結，並把每個人獨一無二的故事帶回家。

我的幹勁比以往任何時候都強。那時我才在聯盟打滾三年，但從坦尚尼亞離開的我已經清楚知道如何讓自己的人生與領導力更有意義。

2015

LDEN STATE

安德烈·伊古達拉（Andre Iguodala）在2013年從丹佛轉隊到我們這裡。在他加盟之前，我就聽說他在2011年封館期間跟在一位創投家身邊學習，這讓我多少可以預想球隊將迎來一位什麼樣的新成員。安德烈在應該輕鬆的時候可以很輕鬆，但要不了多久，更衣室裡的對話開始包括安德烈評論一家科技新創公司的前景，或是分析《華爾街日報》裡某個大品牌的損益。

安德烈讓我們第一次意識到自己就在矽谷後院打球。那些大咖創投家、科技公司的總執行長、傑出的企業家與電腦科學家就坐在場邊看我們比賽。我們所處的位置對職業運動員來說非常稀罕——我們不需要坐等代言上門；球迷即人脈，我們可以透過他們得知創投圈的種種機會。我發現自己受到那些能夠改善人們生活的科技所吸引，也關注那些致力於公平與普及的公司——以及終極目標和我一樣，想要啟迪人心，並為下一代創造機會的人們。

賽後，我們私下會面，地點在甲骨文球場多出來的那間更衣室。就在主隊和客隊更衣室之間的走廊深處，平常都是空著的。我和卓雷蒙代表我們球隊，快艇隊則由克里斯．保羅（Chris Paul）、布雷克．葛瑞芬，以及德安德烈．喬丹（DeAndre Jordan）出席。那天，2014年季後賽的第四戰剛打完。前一天，一段被公開的秘密錄音揭露快艇隊老闆唐納．史特靈（Donald Sterling）是一個種族主義者。

我們幾個在週末以簡訊溝通，最後約好在甲骨文球館的地下室見面，商討回應之道。快艇隊在賽前做了無聲抗議，把熱身衣反穿。我們想表達支持，同時等待聯盟對史特靈的調查。NBA新總裁亞當．蕭華（Adam Silver）才上任兩個月，剛剛接替執掌聯盟長達三十年的大衛．史騰。在那間更衣室裡討論出來的結論是：倘若蕭華祭出的懲處及不上史特靈的罪刑，我們就必須果斷行動。

「**如果我們乾脆走出球場呢**？」**有人說**：「**開場的跳球一拋，我們握手，然後兩隊直接離場，怎麼樣**？」

那句話懸在空氣中，我們思索著事情的嚴重性。快艇隊正在打季後賽，壓力本來就大，如今又被丟進風暴中心。這對克里斯．保羅尤其艱難——他不只是球隊領袖，也身兼球員工會主席。但他的首要身分是一個隊友，於是和球隊裡的其他領袖一起承擔回應此事之責，因為他們就是這樣：有尊嚴的職業球員，知道自己該為正義發聲，也該讓當權者負起責任。暗潮洶湧的同時，他們也正準備在季後賽淘汰我們。

同理，我們想在史特靈事件上當快艇隊的夥伴，但上了球場就不會手下留情。

第五戰早上，我們在洛杉磯練球時繼續討論這件事。每個人都握著手機，等待聯盟開記者會。終於，亞當．蕭華登台宣布史特靈的終身禁賽：他永遠不得參與任何NBA相關事務，甚至不能到現場看球。這是我們想要的結果，而勇士隊也會尊重快艇隊對未來做出的選擇。當他們從金州回到洛杉磯，不知道球迷對這一切會有何反應。他們認為自己有責任為球迷而戰，就像保羅說的：「我們全都回到場我至今有時仍會回顧，心想當時乾脆集體罷賽。我和克里斯還會聊這件事。大家都會。我們不知道那樣的舉動會產生什麼樣的後果，但罷賽會讓外界以不同的觀點看待身為職業運動員的我們。罷賽會發出一個非常清楚的訊號：為了對抗種族不公，我們不惜跨越NBA的底線，以及我們自己的底線。

但說到底，我也不確定——罷賽真的會帶來改變嗎？還是只懲罰了球員和球迷？我們不能打球，他們不能看球，到頭來受苦的還是熱愛籃球的我們？

那個事件產生漣漪效應，影響了往後球員如何為自己和其他議題發聲，但那幾場秘密會面給我的回憶，關乎球員之間的特殊羈絆，以及我們對這項運動共有的熱愛與尊重之深。我們兩隊是宿敵——不信你看看快艇隊在第七戰慶祝我們被淘汰時上演的衝突——但我們也同為籃球世界的領袖與守護者，彼此坦承溝通，攜手面對問題。

2014年，從球員的角度來看，我們都覺得馬克·傑克森教練在改變球隊文化、帶領球隊升級的方面居功厥偉。但在傑克森教練和高層之間出現了矛盾和摩擦。勇士隊在5月把他炒了，就在季後賽結束後幾天。

剛接任球隊總管的鮑勃·邁爾斯（Bob Myers）親自到我家說明解雇傑克森的事。他很喜歡回憶這段往事，說那是他在總管生涯中感到最害怕的一次。

我跟他站在車庫前聊，門口是我家的籃球場。我當時很火大。

我還是聽他講。等他闡述完管理層的想法，我直言不諱：「我不喜歡這個決定，因為我愛傑克森教練。」不過，身為球隊領袖，我必須學著從大局著眼。

「我理解你們為什麼選擇這麼做。」我說：「但既然你們要炒他魷魚，就要把事情做好。」我話就說到這裡，但他明白我的意思：**下一任教練必須出類拔萃**。

史蒂夫·科爾（Steve Kerr）手握五枚冠軍戒指——跟麥可·喬丹在公牛隊拿了三冠，又在馬刺隊拿了兩冠——退休後先擔任球評，接著成為太陽隊的總管。他原本要在紐約尼克接下生涯第一個總教練職務。當勇士隊總教練的位置空出來，科爾前來會面，然後意識到我們可能一同成就大業。

總教練新官上任之際，氣氛難免尷尬。身為球員——同時也是球隊領袖——的我以我們達到的爭冠水準為傲。所以，這個初來乍到就想成為拯救球隊的英雄的傢伙以為自己是誰啊？

然而，**科爾教練一開始就帶著謙遜接近我們**。他說：「我不是來這裡重新發明輪子的。只要在進攻體系上稍做微調，靠你們既有的基礎就能奪冠。」

身為教練，科爾明白自己能帶來的價值，同時認可這支隊伍已經具備贏球的條件。那時的我們需要聽到這樣的話語。

我也因此卸下心防。回想起來，那是很高明的領導策略。我心想：**好吧，我可以跟這樣的人合作。**

論及我跟科爾教練的關係，2015年3月8號對快艇的那場比賽一再被拿出來講。

我的好朋友艾派．尤度（Ekpe Udoh）那年剛好效力於快艇隊，我們在賽前熱身時找到機會敘舊。那陣子我手感滿燙的，所以艾派在開打前對我喊了一句：「欸，別在場上玩太瘋啊！」

就當這是對我下戰帖好了。

第三節還剩九分鐘左右，我看了看坐在板凳上的艾派。安德魯．波格特把球扔給我，我持球往禁區切。我換手運球甩開正在防守我的馬特．班斯（Matt Barnes），接著跨下運球，然後背後運球退回三分線外，試圖遠離史賓賽．霍斯（Spencer Hawes）和德安德烈．喬丹。克里斯．保羅貼上來，碰撞我的大腿，我心想：**球要被他抄掉了**——我被他抄過好幾次——但我運球閃避，他出手撥球未成。這一連串的動作之後，我有點驚訝球居然還在我手上，然後我順著慣性拔起來出手，投出一記後仰三分球。

起跳的同時，我的眼角餘光瞄到卓雷蒙指著右邊大空檔的克雷。但我已經處在出手動作中，來不及傳球了。

球破網而入的瞬間，科爾教練雙手抱頭，訝異我竟然出手了，也許更訝異我竟然投進了。這也是後來人們反覆提起的畫面。

但我沒在看教練——我在看艾派。當我起身出手，他雙手抱胸，癱坐板凳，彷彿在說：**這傢伙來真的啊**。

那一球差點害我被教練「吊銷出手執照」，但結果剛好相反。那讓科爾教練首次表示他不會再為我們界定何謂「壞的出手」。**這正是我跟克雷需要的——信任**。一旦獲取教練的信任，我們就能盡情揮灑投籃的創意跟想像力，重新定義何謂「好的出手」。從此，這種自由的進攻創意成了勇士隊DNA的一部分。

手機傳來訊息的震動，我沒看。

那是2015年季後賽第三戰的賽後，我待在飯店房間。我們碰上灰熊隊，拿下第一場，但接著慘敗兩場。先在主場吞敗，現在又在曼菲斯輸球。

又一條訊息，我還是沒看。我那時習慣在輸球後馬上觀看比賽錄影，內省找出問題。然後，我再整理出領導的方向，告訴隊友我們需要怎麼應變。我怕讓情緒走在前面，等冷靜後才悔不當初。

「我要打得更好，尤其是在客場。」我在賽後記者會說：「我為自己設了很高的標準，但我還沒達到。」科爾教練說這都是過程。「你們會在季後賽看到很多球隊經歷這種事。」他說：「經歷今晚這種慘敗之痛，是領悟贏球之道的唯一方式。」

球隊在那年明顯跨出一大步，就連之前看衰我們的人都改口說我們有機會奪冠。

姑且不管預測，**我們自己**就能感覺到。我們以聯盟最佳的67勝15敗戰績結束例行賽，我也拿下個人第一座最有價值球員獎（MVP）。但這些到了季後賽都不算數。你一心想要奪冠——整個賽季拚死拚活，就是為了更靠近冠軍。你感覺自己就站在突破的邊緣……

……結果一轉眼，身處曼菲斯的你奮力追趕19分的落後，在三分線外投10只中2。輸一場，你可以說他們偷走一勝。但連輸兩場呢？

我已經把那場比賽重看一遍，在腦中重溫每一球。現在我獨自用任天堂64打馬力歐網球，試圖讓自己分心，不去想在這個系列賽被淘汰的悲慘可能。然後，有人繼續用訊息轟炸。

是卓雷蒙。「走啦，去Blues City Café。來見我，不要找藉口。」

找藉口？我心想。那家烤肉店就在比爾街對面。我回他：「好，等我十分鐘。」

我套上帽T出門。曼菲斯是座小城，但很熱鬧。走在比爾街上，你很容易隱沒在人群中。

到了店門口，迎接我的是顯示廚房還開著的紅色霓虹招牌。我推門走進燈光太亮的客滿空間，店內擺著一張張美耐板桌和金屬椅子。卓雷蒙坐在後頭的小包廂等我，費斯圖斯·艾澤里（Festus Ezeli）和大衛·李也在。他已經幫我點好啤酒。他說：「大家都慌了。」我點點頭，坐進老式高椅背、適合好好講話的座位。旁邊的客人也識趣地跟行屍走肉般的我們保持禮貌距離。

四人聊了一下比賽——說說可能改變賽果的一些細節。季後賽期間滴酒不沾的我乾掉三瓶啤酒。言談間，我們漸漸卸下施加在自己肩上的焦慮與壓力，那份負擔比以往任何時候都沉重，因為我們距離突破只有一步之遙。我們說：「嘿，現在是季後賽。我們知道自己還是一支強隊。回場上把事情搞定就對了。」

把我從飯店的房間裡拉出來，把我從自己的腦袋裡拉出來，那晚的卓雷蒙做了他最擅長的事：為我清出空檔，給我出手空間。

於是，我可以帶著這份能量，以自己的方式領導球隊。釋放掉一點緊繃情緒，我就有了足夠的心理空間，隔天研究影片跟練球的時候，我能站出來講該講的話，讓每個人都從這份能量獲益。

因為我很清楚：假如我帶著一副喪屍樣走進球場——悶著頭不發一語——他們就會覺得我在懷疑自己，整隊也會因此陷入**自我懷疑**。

輸球之後，我們拿下週一的比賽，接著連取兩勝，晉級西區決賽，對上火箭隊。我們用五場比賽解決他們，殺進總冠軍賽與克里夫蘭騎士隊一決高下。現在回想起來，我們以為世界即將崩塌的那晚，其實正是偉大征途的起點。

身為領袖，你的本能也許是迴避情緒，不要像一般隊友那樣思考。球場之外，無論身為家人或是生意夥伴，我的本能是解決問題。我總有答案，但這可能會讓我忽略當下的情緒，錯過與對方的共感。**有時候，以身作則就是允許自己當個凡人。**

30

Rakuten
30

說起2015年的冠軍賽季和總冠軍賽，我能理解為什麼大家都聚焦於我們在克里夫蘭封王的第六戰。當然，那對勇士隊來說是極其重要的時刻。但對我而言，在甲骨文球場的第五戰才真正教會我們：你不會知道要怎麼跨越眼前的關卡，直到你真的跨過去。

在第五戰之前，以自己的標準來看，我打得有點掙扎，尤其是我們拿下第一勝之後的第二戰和第三戰。系列賽2比2平手的狀況下，第五戰是決定大局走向的關鍵一役。主場的我們一定要在回到克里夫蘭之前拿下這一勝。賽前，我叫隊友們不要因為勒布朗．詹姆斯進球就氣餒。他本來就會進。我說：「堅守比賽計畫。」有時候，**身處其中**讓一切發生得很快。你感覺到勝利就要從指縫間溜走。你可以選擇不讓這種事情發生。**對手想搶就來搶，但不要自己鬆手**。

NBA TV

NBA

W
15
GOLDEN
STATE

我沒料到贏得總冠軍會為這支球隊帶來全新層次的自由。拿下第一座冠軍金盃之後，你會變得貪婪。因為那追求首冠的壓力太大了——八十二場例行賽都要全神貫注，緊接著又是季後賽——你只能低著頭咬牙前行。但當你終於贏了，你又可以抬起頭，品嘗最終勝利的狂喜。

結束之後，你擁有過去不曾擁有的東西：奪冠的難度對你來說不再神祕。你知道整個賽季都要全神貫注。不可以放掉任何一場12月的例行賽，而你也絕對不會放掉。

這份認知是一種責任。現在，你必須將其灌注給那些因為你的成功而加盟的新成員。你沒辦法直接把自己的信心送給菜鳥球員，你必須用行動讓他們明白**每一場比賽——每一波進攻、每一次出手——都至關重要**。

KTVU

STATE

每支球隊奪冠之後，人們都會討論哪些因素「剛好對了」。人們不願意承認成功是一種選擇。沒錯，運氣成分確實存在，但最重要的是，**你必須先把自己放在正確的位置，局勢才會朝著對你有利的方向走**。

我們即將迎來近乎完美的2015–2016賽季，而準備工作早在夏季開始。當時的風向是：我們上一季能拿冠軍只是走運。

「克里夫蘭傷兵滿營。」我們不斷被這句話轟炸。

而這成了我們的動力。我們決定要用接下來的賽季證明上一季的冠軍並非偶然。我一直掛在嘴邊的話是：「打就對了。每一場都全力以赴。」我們的自信爆棚，球隊的化學反應無與倫比。上了場，我們並肩作戰；下了場，我們也常待在一起。**所有人都專注於一個共同目標**。

我們帶著24勝0敗的完美戰績進入12月。這段不可思議的連勝讓每一場比賽都像總冠軍戰——極高的強度讓我們更加團結。我們作客密爾瓦基，看到整座球館的球迷都穿著印有「24勝1敗」的T恤。結果還真被他們說中，我們爆冷輸掉那場。

但有個目標讓我們每一場比賽都拿出極高水平的表現。那個目標就是1995–1996年芝加哥公牛隊締造的72勝10敗戰績，二十年來無人能觸及的鐵壁。

我說：「打就對了。」

那是週六晚上的黃金時段比賽。2016年2月27日，勝負意義重大：奧克拉荷馬雷霆隊是超級難纏的對手，正在跟我們爭奪西區龍頭。賽前，我們的戰績是52勝5敗——我知道，因為我剛剛特地查了——而我當時的投籃手感堪稱生涯巔峰。這場比賽可能為我的美妙一週畫下完美句點。打敗亞特蘭大老鷹隊之後的週二早晨，我和安德烈．伊古達拉完成了我的一個人生夢想：第一次在PGA大師賽場地奧古斯塔國家高爾夫俱樂部打球。然後，我們又接連戰勝邁阿密熱火隊以及奧蘭多魔術隊。

當時隊裡的對話焦點是公牛隊的紀錄。這紀錄真的在我們可觸及的範圍嗎？我們能維持相應的贏球節奏嗎？

從奧克拉荷馬這場開局的情況看來，答案是否定的。我們以8比15落後，但我仍感覺自己的投籃手感好得出奇。

然後，下半場剛開始一分多鐘，羅素．衛斯特布魯克（Russell Westbrook）猛力壓到我的腳。我又扭到左腳踝了。

受傷的瞬間，情緒四處亂竄。我瞬間被拉回那些痛苦的早年記憶——傷病、復健，以及不斷糾纏我的說法：身體狀況不足以讓我成為球星。倒在地板上的我感受到全場凝視的重量，彷彿一切完了。又一次完了。每次只要傷到腳踝，感受到那陣熟悉的痛楚，我就會不由自主受恐懼掌控。所以，躺在球場的地板上，首要任務是克服站起來的恐懼。讓腳著地，試著在上面施加重量。當我終於做到，我發現自己能走。必須小心翼翼，但是可以走——光是這點就跟過往的傷天差地遠。這正是我努力追求的成果。我總在物理治療與體能訓練的時候提醒自己：受傷是難免的。重點是，當傷痛到來，身體強壯到足以讓我自行走下場嗎？這一次，我可以。

我說：「好，我要重新貼紮腳踝。」我一拐一拐走往休息室，所有人都盯著我看，好像我隨時可能倒下。但我自己走到了。這次不一樣了。我能回場上打嗎？就算身體撐得住，我也必須先把心態調整好。

重新貼紮腳踝之後，我從休息室走回場邊，坐在技術台前的地板上，沒有椅子，直接攤開雙腿坐著，同時消化剛剛發生的事。

我必須感受身體下面的地板，才能重新穩定自己。我做了幾次深呼吸，和痛覺對話。痛楚漸淡，緩緩離開。我默默告訴自己：**好了，回到場上做我原本想做的事吧。**

重回球場的我又接著拿下31分，最後三分球總計11投8中。比賽倒數不到一分鐘，我們仍落後5分，克雷在他們板凳區前投進一記三分球。然後我們抄到球，安德烈被犯規，兩罰俱中，比賽時間只剩0.7秒。了解安德烈罰球命中率的人就知道……他必須像冰塊一樣冷靜才可以做到。而他真的做到了。

雷霆隊的凱文·杜蘭特（Kevin Durant）執行最後一擊，勾射失手，兩隊進入延長賽。這只是一場賽季中期的比賽，但感覺勝負事關重大。**這樣的時刻正是體育的魅力所在**。整座建築物都感受到了。

球館的能量幾乎要炸開。我在延長賽又投進兩顆三分球。然後，當比數再次戰成118比118平手，衛斯特布魯克出手未中，雙方爭搶籃板，我拿到球。我的腦中毫無疑問：我要投。問題只是從哪裡投。我唯一的想法是要趕在防守還沒完全站定前出手。安德魯·羅伯森（André Roberson）會過來封阻，我不能讓他得逞。

有趣的是，安東尼·莫羅（Anthony Morrow）——他曾是勇士隊的隊友，我高中時也跟他交過手——那時正坐在奧克拉荷馬的板凳上。我一接近中線，他就開始對著防守者揮手吼叫，好像在說：快貼上去！把手舉高！來自夏洛特的他**知道**。他看得出來我想幹嘛。其實每個人都看得出來，除了當時身在場上的人。

我知道只要出手，球就會進。

我在比賽還剩0.6秒時從38呎外投出絕殺三分彈。就在那一刻，主播邁克·布林（Mike Breen）發出經典讚嘆：「蹦！蹦！天啊，柯瑞這球太誇張了！」

我以前也投進過絕殺，但從這麼遠？所有的元素——訓練、復健、團隊默契與領袖能力——都累積為這一刻。我在練習時投過這種球，但這跟練習不同。**你練習這種出手，把它練到完美。但說到底，你要有投出這種球的膽識**。我投了。

CURRY
30
THUNDER
21

5月的那天，我在自家客廳準備要出門練球。我知道自己即將獲得第二座MVP，問題只是有沒有全票通過。

倘若真的全票通過，就是NBA史上第一次，但對我來說意義不在於此。全票MVP代表我不只以個人身分受到認可，也表示投票的人知道我們這支球隊的偉大是歷史級別的。我們打出妙不可言的團隊籃球。你不可能在球隊表現不佳的狀況下獲得MVP——這項殊榮來自你的隊友。全票MVP會給我極大的驕傲，以我們全隊的成就為傲。

我背對頭頂上方的電視。新聞跳出來的瞬間，我記得最清楚的是朋友和家人的反應。他們樂瘋了。

全票通過。

頒獎當天，我們剛在西區準決賽逆轉擊敗波特蘭拓荒者隊。最終，我們將再次和克里夫蘭騎士隊在總決賽碰頭。

在典禮的問答環節，有人問我希望怎麼被世人記住。一拿到獎盃往往就會遇到這類問題。

「我也許擁有天賦和才能那樣的東西。」我說：「**但我希望人們記得我是一個努力的人。**」

你努力做好準備，而緊張的情緒是準備充足與否的關鍵試煉。比起對手，你首先要面對的是自己的緊張。你要怎麼回應？**如果你懷疑自己，很可能就是準備得不夠**。

但正因為你是凡人，有時候就算準備再足，仍會遭遇這樣的時刻，感覺想要的東西正從手中溜走。也正是在這樣的時刻，緊張會吞噬所有自我控制以及久經鍛鍊的冷靜。

周圍天旋地轉。你開始嘗試那些自己根本不擅長的事。

你打得像靈魂出竅。

歡迎來到我的惡夢。歡迎來到2016年總決賽第七戰。

Maurice Podoloff Trophy
2014 - 2015
Kia NBA Most Valuable Player
STEPHEN CURRY
Golden State Warriors

Maurice Podoloff Trophy
2015 - 2016
Kia NBA Most Valuable Player
STEPHEN CURRY
Golden State Warriors

我終極的失控體驗發生在最糟糕的時刻——2016年總決賽第七戰的最後一分鐘。

當人們請我形容連勝的感覺，我總是難以將之訴諸言語。但我可以清楚告訴你最後那一分鐘的感覺：無助。我嘗試重新連接身體和意識。當時的我不知所措，但我還是在**嘗試**。不知為何，我愈弄愈糟。

我心裡永遠有個角落會把我瞬間拉回那裡——那個反覆重演的惡夢。2016年6月19日的甲骨文球場，兩隊以89比89打成平手。我剛剛出手一記三分球，投得很偏。比賽還剩1分09秒，克里夫蘭喊暫停。暫停結束，凱里．厄文（Kyrie Irving）在三分線外單打我。凱里在我面前拔起來出手，三分球進。時間一秒一秒流逝。我又在進攻端投失一球，我們用犯規把勒布朗送上罰球線。他兩罰中一。最後一波進攻，我孤注一擲，但這球就跟前面幾球一樣，沒進。終場哨聲響起，93比89。他們從總冠軍賽1比3落後的局面逆轉戰勝我這支歷史級別的73勝球隊。第七戰的最後幾秒，他們就在我們自家主場終結一切。我永遠敬佩勒布朗和凱里在逆轉過程中拿出的超高水準表現——23號與2號的組合不同凡響。

那一刻，我站在板凳旁眼睜睜看著他們慶祝。我走過去向勒布朗、凱里，以及J.R.史密斯（J.R. Smith）致意，然後走回更衣室。

接下來的記憶一片空白。我進入自動導航模式。不只是那晚，而是整個休賽季。我知道自己努力訓練了，**但我不記得任何細節**。

JAMES
23
61

9

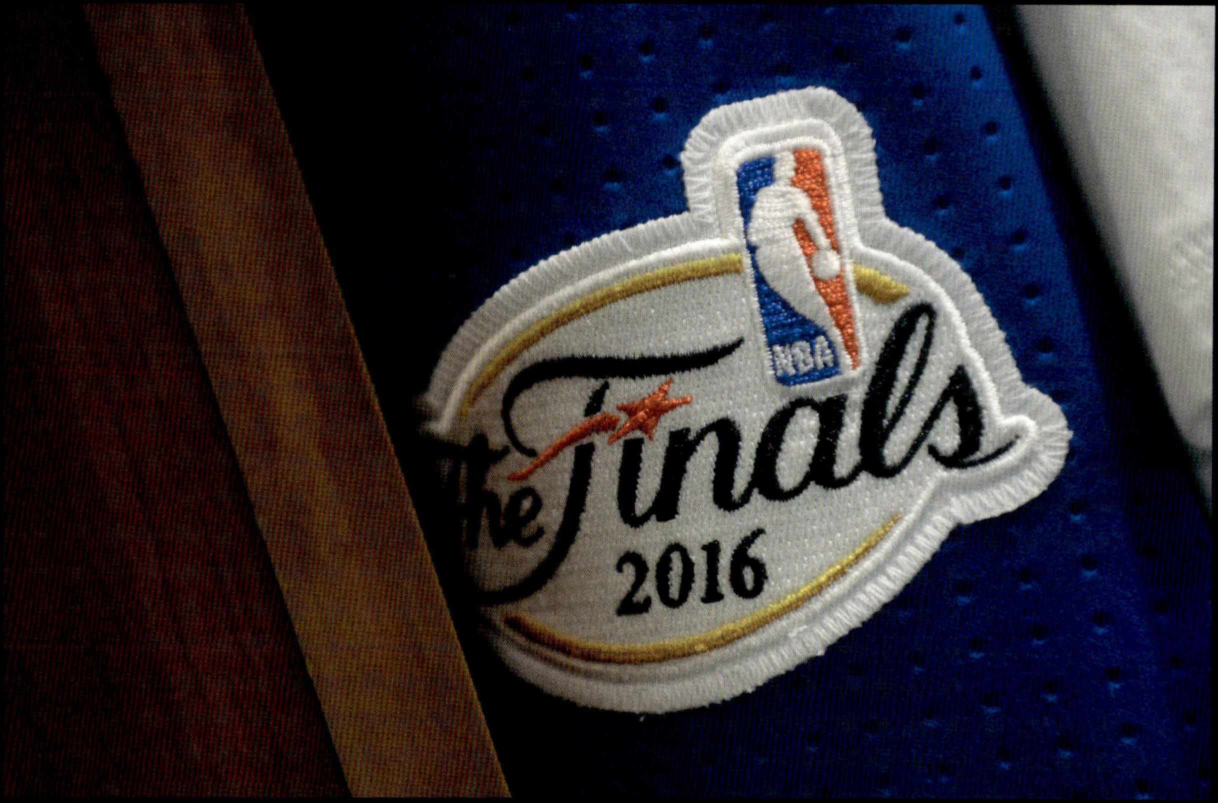
NBA
The Finals
2016

You becom
think you ar
in your min
apolog

相信自己是什麼樣的人
在心中把自己想像成最

he who you
. Be the best
d and don't
ze for it.

就會成為什麼樣的人。
的樣子，而且理直氣壯。

所以，那次的落敗帶來什麼教訓？我能給你什麼啟發？

贏，真的很難。

有些人一本正經問我：「球隊會不會後悔當初追求73勝？你們是不是因此才在總決賽氣力放盡？」答案是：不。那是一項了不起的成就，但也帶著一點苦澀。

我們的訓練場地掛著一張小小的73勝9敗海報，那或許是體育史上最孤獨的一面錦旗。上面印著紀錄以及全隊每個人的名字。我有時會盯著它看。它會讓我想起那年的總冠軍賽、那次失利，但同時也提醒了我，當時全世界都認為公牛隊的72勝10敗是無法撼動的。我們超越了。

我們打出極高水準的籃球，維持了非常非常久。我們持續拿出那種水平的專注和表現，連續九個月不間斷。

每一年都有那一年的故事，而我學會欣賞每一段歷程。**我們沒有輸，只是被打敗，而那是一場激戰。**

這就是那年給我的啟示：就算被打敗，也要確保那是一場激仗。

我們站在漢普頓那棟大宅外的草地，現在只剩我們五個人。

那是2016年6月30日，我、安德烈、克雷和卓雷蒙來到這裡，目的是讓凱文．杜蘭特知道我們真的想招攬他來灣區。身為自由球員的他當時正接受各隊鋪天蓋地的招募。

業務人員在客廳做完簡報之後留在屋內，現場只剩我們球員。外界試圖把他加盟勇士隊這件事複雜化：我會怎麼應對另一位超級球星的加入？這會不會威脅到我在的領導地位？更該問的問題其實是：如果這會讓我受到威脅，我又算哪門子的領袖？

杜蘭特最需要從我口中得知的東西更直接：**我是怎麼想的？我想要他加盟嗎？**

「我們想贏。」我對他說：「你覺得你能幫上忙嗎？」身為球隊領袖，我需要確認他能否全心投入我們的目標與打球方式。只要他的答案是肯定的，其他問題都不重要。

因為，該不該讓全聯盟——應該說聯盟史上——最頂尖的球員之一加入陣中？這用膝蓋想都能回答。我們四個知道怎麼並肩作戰，而眼前這名猛將不只天賦異稟，我們也發現他求勝若渴。

7月4日，杜蘭特宣布加盟金州勇士隊。那天我正在夏威夷陪家人度假。杜蘭特試圖在對全世界發布消息之前跟我通電話，但由於東岸與夏威夷的時差，他宣布時我還在睡覺。等到一無所知的我醒來，已經過了半天——也就是半個新聞週期。

杜蘭特那天稍晚跟我說：「看你沒回我電話，我還以為你不爽。」

「抱歉，兄弟。」我回答：「我不是故意的，我根本不知道發生什麼事。」

身為領袖，我必須把球隊擺第一，把贏球擺第一，還要了解超強隊友的加入並不會減損我的價值，也不會矮化我的角色。那是三個偉大年頭的開始。

WSC
Romans 8:28

當你開啟一段新的合作，要記得每個人都在適應彼此。不會完美，也不見得會好看。但你要時時覺察，敞開思維，用創意思考來為彼此創造進攻空間。專注於打磨自身的競爭力，**以求勝為中心為球隊打造身份認同**。

從宏觀的角度看，自我有千百種形式。各行各業皆是如此，遑論競爭本質極強的體育圈，公開或私下的話題總是圍繞著：「這是誰的球隊？」「誰是隊上第一人？」「這會如何影響歷史定位？」諸如此類。但我的思維不走這套。

專注於自己的價值，以及這份價值如何影響勝局。人們常說要放下自我，但我不覺得這樣做真的對團隊有益。說到底，每個人都該保有自我，那正是每個人與眾不同的根本。每個人每個晚上都把最健康的自我與最好的狀態帶上球場，這完全沒問題。

我希望更衣室裡坐在我隔壁的隊友真心相信自己是史上最強的勇士隊球員。只要他跟我同隊，我就希望他這麼想。我的自我夠強大，足以承受他打從心底自認比我強。總會有他真的必須比我強的時刻，當我手感低迷、受傷，或者不得不把球傳出去。只要他把自我開到全滿，就能在**那個時刻**挺身而出。

相信自己是什麼樣的人，就會成為什麼樣的人。在心中把自己想像成最強的樣子，而且理直氣壯。

這是我在夏洛特報隊打球學到的：跟比你更努力的人在一起。凱文．杜蘭特對我來說正是如此——我對他來說也是。我們一起自主訓練，每週也許一到兩次——克雷也是。大家專注打磨自己的技藝。有時候四個球員會分佔訓練場館的四個球場，各用自己的籃框練球。場內充斥純粹的能量，彷彿彼此較勁誰練得比較拼。每個人都在默默觀察其他人的訓練節奏與強度，同時不斷逼自己提升水準。對於**變強**來說，那真是一個理想的環境。

回頭看，我發現我們對於所作所為懷抱一種共有的目的性與職業素養。雖然沒有真的說破，彼此時時砥礪精進，因為我們一直在互相觀察。**沒有人想當扯後腿的人**。

說來好笑，你可以用很多方式影響勝負。在比賽中看到對手為了防守你而做到什麼程度，有時真的會把我逗樂。我一邊在內心竊笑一邊往中線推進，看到防守者幾乎貼在我臉上。他全部的注意力都放在我身上，對其他球員在他背後做的事情一無所知。同一時間，我的隊友們已經在找出手的空檔，或是設下幾層他完全沒察覺的掩護。

你要努力讓自己強到一個地步，光是「可能做出什麼」的威脅就足以吸引對手全部的注意。**讓他們全心提防你可能的下一步，無暇關注你正在做些什麼**。

CURRY
30

具有儀式感的慣例對任何球隊都至關重要。不是出於迷信，而是為了穩定情緒。這些慣例能幫助你放鬆，好讓你專注在比賽裡享受當下。第一場、第八十二場、季後賽，還是總冠軍賽……無論你身處哪個賽場都一樣。

我的慣例從護踝和襪子開始。我總是先穿左邊，再穿右邊。**無一例外**。左腳護踝，然後右腳護踝；左腳鞋子，然後右腳鞋子。每年我也會挑一首新歌，用於前往球場的最後三分鐘車程。大家可能以為那會是某首激勵人心的歌曲，但有一年我選的是新版本合唱團（New Edition）的〈If It Isn't Love〉。那首歌曲——如同其他慣例——**會讓身心知道「時候到了。」**

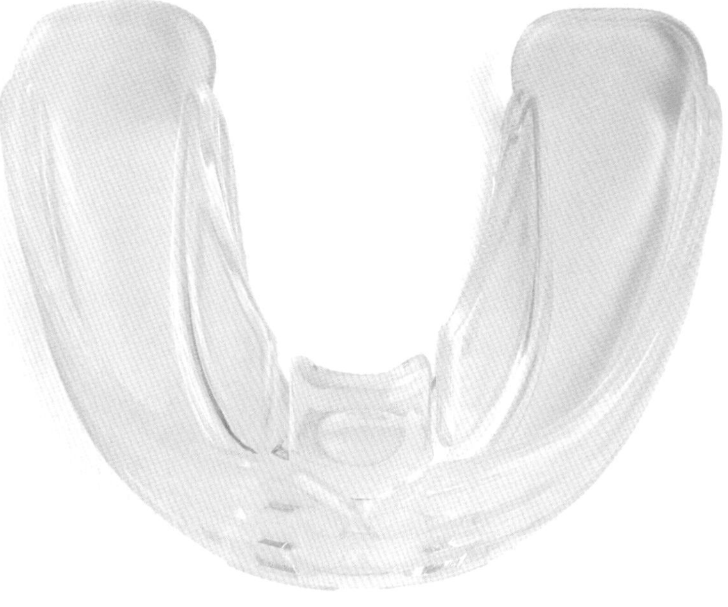

Rakuten

你愛的人——有時甚至陌生人——都會想給你建議。記得感謝他們的支持與鼓勵，但也要**對他們的輸入設下界線**。如果他們沒做過你正在做的事，沒待過球場，那你真的不會想要他們左右你的技術或戰術。

TROPHY
STATE
PEACE
TROPHY

我的連續157場比賽命中三分球的紀錄在2016年11月4日的洛杉磯畫下句點。面對湖人隊，我在三分線外出手十球都沒進，球隊也輸球。

接下來兩天——星期六和星期天——我在訓練中刻意對自己更嚴格，但沒有改變流程。

遇上失敗，你必須誠實面對發生的事，這樣才會有成長空間。但失敗不該撲滅你的信心。對上湖人隊的比賽到星期一對上鵜鶘隊的比賽之間，我並沒有練得比平常更賣力。我帶著信心和目的性訓練：這次的低潮會很短暫，因為我知道自己準備好了。我沒有負擔，我只是專注。

2016年11月7日，在甲骨文球場出戰鵜鶘隊，我打得無拘無束。我不需要在自己身上施加任何額外壓力。一旦投進第一球，我心想：**我的手感又熱了。不管前面投失幾球，只要進一球就夠了——我的手感回來了**。我在那晚砍進13顆三分球，創下NBA紀錄。

In moments of
to ackn
whatever hap
can be roon

遇上失敗，你必須誠實面對

ailure, you have
owledge
ened so there
for growth.

生的事，這樣才會有成長空間。

2017年6月12日的甲骨文球館——我們又在總冠軍賽對上騎士隊，系列賽3比1領先。這是第五戰，不用說，我當然知道我們上次以3比1領先他們之後發生了什麼。

我們在2015年贏，在2016年輸，這是兩隊連續第三年在總冠軍賽碰頭。我們知道奪冠的感覺——但未曾在自家主場封王。我想知道終場哨聲響起時的甲骨文球館是什麼樣子。

這是我的動力。但緊張感湧現。又來了。

我們帶著98比93的領先進入第四節。比賽剩下九分鐘，卓雷蒙罰進兩球，把差距擴大到10分。

最後九分鐘漫長得像是一整週。勝利明明近在眼前，感覺起來卻又遙不可及。等到海枯石爛，才聽到終場聲響。看到杜蘭特在板凳對面情緒潰堤，我才意識到：**哦，抵達終點了。我們做到了。這就是所有人想要的。**

我所謂的「**所有人**」，不只是球員和教練，而是勇士國度的每個人。我想給他們這場勝利，在自家封王，而球館內的能量果然沒讓我失望。那很可能是我至今在任何球場內聽過最震耳欲聾的呼聲。我看見陪我們到最後一刻的球迷們——輸球時也陪我們到最後一刻的同一群人——漫天彩帶為他們而落。

奧克蘭應得的夜晚終於到來。

每贏下一座總冠軍，我都能感覺到自己的公眾影響力擴大。我有幸得到改變世界的絕佳機會。壓力也隨之而來。當你把名字和聲量綁定在某個使命上，你需要判斷力。若只為真正與自己契合的事業發聲，壓力就會降低。我從小看著父母回饋支持我們的社區。我爸在夏洛特為國高中生設立電腦學習中心，同時確保我們家兄妹都要到場幫忙。我們與那些孩子年齡相仿，所以能清楚感受到這件事產生的實質影響。

那就是我後來看待慈善與運用平台的典範——**我熟悉的社區、我了解的工作、我能看見的影響**。

Drum

CURRY

WARRIORS
30

這是我舉辦的第三屆安德瑪（Under Armour）全美籃球訓練營，邀請全國最頂尖的三十位高中籃球員參加。（前兩年只有男生，後來也邀請高中籃壇最有才能的女孩們。懂得更多之後，就要做得更好。）

我看著這些孩子——多數都比我高——心裡只有一個想法：**說真的，16歲的我根本不會受邀來參加自己的訓練營**。

像當年的我一樣的孩子們——那些還在等待機會的三星球員呢？他們也值得擁有證明自己的機會，或許還能藉此角逐大學獎學金。

這就是我們在2019年開始「低估之旅」（Underrated Tour）的契機。那是公開邀請的、免費的區域巡迴賽，專為像我一樣熱愛籃球的三星球員而舉辦。就算常被小看，光是出現在場上就能給他們**喜悅**。

我們的目標不只是讓他們有機會在教練與球探面前展示實力，還要從更深的層面提升他們的生活處境。我們提供裝備，也開設課程指導他們如何在大學課業與運動中取得平衡。我們還開了關於招募過程的講座，讓球員和家長了解潛規則，畢竟那個體系並不總是把他們的最佳利益放在心上。我們給男孩和女孩的名額一樣多，我也為此自豪。

那些大器晚成的球員還沒遇到伯樂，這是改變他們生活的機會。這些孩子必須看見自己的潛力，並為自身的可能性心懷感激，而非拿自己跟別人比較。**我太清楚大器晚成是怎樣一回事**。

為人父會改變你的視角。我說的並不是那種「**終於領悟什麼最重要**」的童話劇情，而是你的孩子會直接讓你知道什麼最重要。我很早就知道不論自己砍了多少分或打破誰的紀錄——比賽是贏是輸——孩子一點都不在乎。回到家，我就是爸爸，僅此而已。孩子想要的是你用同等級的熱情回應他們。把工作壓力留在門外，珍惜每一次走進家門重新開始的機會。因為他們真的不在乎，小孩子也不需要為你在家庭之外的角色掛心，他們唯一要你扮演好的角色就是可以依靠的父母。找到他們在乎的東西，然後像準備客戶會議一樣認真研究。不管是《彩虹小馬》還是各種飛機——你要學習他們的語言，好讓他們練習跟你深談，討論那些他們在乎的東西。

我明白現今工作與家庭的界線比以往更加模糊。手機、視訊會議、週末加班——全都成了日常。我的工作更是如此，我幾乎整個生涯都在努力劃清這條界線，因為有時一趟客場之旅就會要我離家十天。一不小心，日子就會混在一起。應對的秘訣就是：無論身在何處都要百分之百專注於當下。

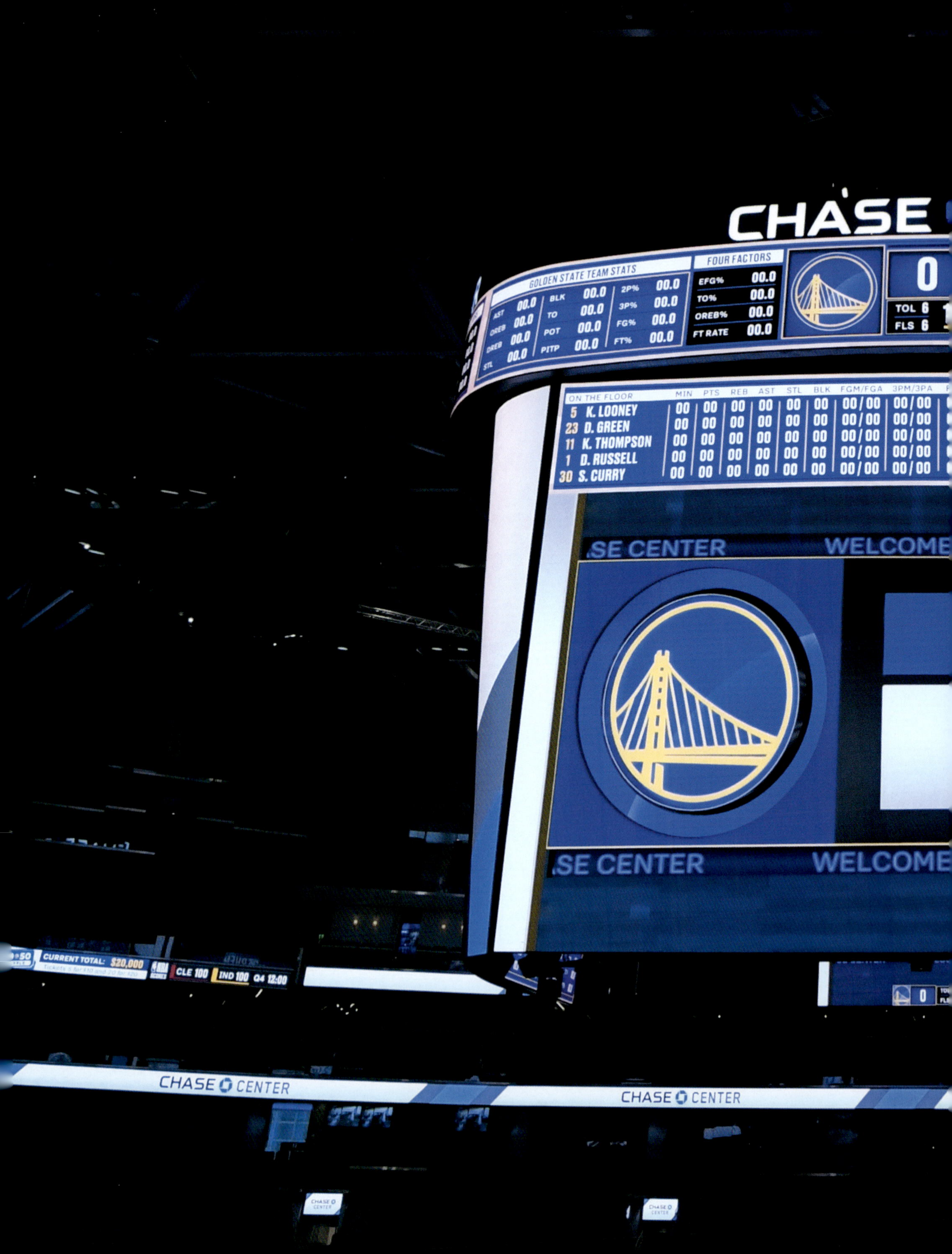
CHASE
GOLDEN STATE TEAM STATS
FOUR FACTORS
EFG%
TO%
OREB%
FT RATE
ON THE FLOOR
MIN PTS REB AST STL BLK FGM/FGA 3PM/3PA
5 K. LOONEY
23 D. GREEN
11 K. THOMPSON
1 D. RUSSELL
30 S. CURRY
SE CENTER
WELCOME
CURRENT TOTAL: $20,000
CLE 100
IND 100
Q4 12:00
CHASE CENTER
CHASE CENTER

CENTER
TOL 6
FLS 6
BONUS
FOUR FACTORS
EFG% 00.0
TO% 00.0
OREB% 00.0
FT RATE 00.0
LOS ANGELES TEAM STATS
AST 00.0
OREB 00.0
DREB 00.0
STL 00.0
BLK 00.0
TO 00.0
POT 00.0
PITP 00.0
2P% 00.0
3P% 00.0
FG% 00.0
FT% 00.0
THE FLOOR MIN PTS REB AST STL BLK FGM/FGA 3PM/3PA FLS
J. MCGEE 00 00 00 00 00 00 00/00 00/00 00
K. KUZMA 00 00 00 00 00 00 00/00 00/00 00
L. JAMES 00 00 00 00 00 00 00/00 00/00 00
D. GREEN 00 00 00 00 00 00 00/00 00/00 00
R. RONDO 00 00 00 00 00 00 00/00 00/00 00
CHASE CENTER
WELCOM
STEPHEN
CURRY
CHASE CENTER
WELCOM
CURRENT TOTAL: $20,000
CLE 100
IND 100
Q4
CHASE CENTER
CHASE CENTER

2019年3月31日，我兒子卡農出席人生中第一場籃球賽。看他坐在我父親腿上，那對我來說是超現實的一刻。我家這隻小狼才八個月大，和當年的我一樣可以在長大的過程中看著老爸打球。我也想為他創造同樣的珍貴回憶——這場比賽對我和我父親來說也同樣是一個美麗的時刻。我從那個畫面——卡農坐在我爸膝上——看見自己走過的旅程：小時候坐在場邊看他打球。如今，他從球員、父親，搖身一變成為祖父，同時也是開枝散葉的家族的大家長。他不是一個驕傲自大的人，但在那樣的時刻，我看得見他的驕傲——內心深深自豪於他啟迪我和弟弟賽斯所做的一切，無論在聯盟，還是在我們的人生。

當你開始邁入老將階段，就要肩負起協助球隊適應轉變的責任，就算你本身也不想面對那個轉變。對我來說，一個重大轉變就是得知勇士隊將在2018–2019賽季結束後離開奧克蘭的甲骨文球場，把主場遷往大通中心（Chase Center）。

我盡力拖延首次參觀大通中心的行程。阿耶莎陪我一起，我們和導覽人員一樣戴上工地安全帽，穿上鮮黃色反光背心。動工至今已經兩年，團隊興奮地向我展示他們的心血。我設法回應他們的熱情，表示我感謝他們這些日子以來投入的漫長工時，打造出這座毫無疑問完美的球館。

阿耶莎沒辦法正眼看我，因為她知道我在壓抑著什麼感覺，不管我說了多少次「哇，這超誇張」或是「太瘋狂了吧」，無論我的雙手在胸前緊握或是藏在背後。儘管大通中心有著最美好的設計與最先進的設施，感覺起來還是空空的——因為我們已把一支球隊的全部靈魂傾注在甲骨文球場。

上了車，身旁只坐著阿耶莎，我呼出一口氣。我低聲悄悄說：「我就只是去了一趟那裡。」那次參訪並不如我想像，那並非一個具有精神意義的活動。那裡還不是家——不是「**我們的**」家。

這是我必須理清的事，不只為我自己，也為整支球隊。**不管老將再怎麼不願放下鍛造我們的回憶，有時候就是必須帶著大家穿越未知的領域**。

最後五場主場比賽，我特別選了五位勇士隊前輩來致敬，在賽前穿上他們的球衣：貝倫・戴維斯（Baron Davis）、安德里斯・比耶德里什（Andris Biedriņš）、史蒂芬・傑克森、提姆・哈德威（Tim Hardaway），然後，在最後一個夜晚，我穿上蒙塔・艾利斯的球衣。以前媒體老愛把蒙塔塑造為我的敵人，如今聽來荒謬。蒙塔高中畢業就進入聯盟，年紀輕輕就扛起這支我們兩人都熱愛的球隊。他深受球迷愛戴，在甲骨文球場的最後一場例行賽，紀念蒙塔以及他的帶隊歷史是理所當然的選擇。那晚，我們奪下西區第一種子，為重返總決賽鋪路。

WE CARE FOR ALL WARRIORS
visit kp.org
CLIPPERS
22
bumble
WARRIORS
30
Rakuten
CHASE

American
Apparel
GAMES

我有一張我們在2019年總決賽落敗後和球迷們拍的合照。那一年我們輸給暴龍隊——我和弟弟賽斯在多倫多看父親打球時他效力的球隊。那真的是甲骨文球館的最後一夜。

我們從更衣室裡聽見球迷們緩緩離去的聲音，他們在NBA最老的球館裡最後一次高喊「勇士隊！」大約有七十位球迷捨不得離開，跟我們一樣難以道別。我們走出去和他們拍下了那張合照。

我們輸了，但在那座球館裡留下無數珍貴的回憶——教訓和經歷。**於是我們歡慶。這才是離開甲骨文的正確方式**。

在這樣的過渡時刻，甚至在遭逢失敗的時候，你有機會帶領人們走過低谷，然後重登山巔。

有時候，領袖的工作就是放下過去，開始書寫新的歷史。

Part 3

老將

Veteran

Stretching Your Prime

延長你的全盛期

老將把多年征戰累積下來的一切帶到每一場比賽——過往的勝利與落敗。你不再有天真的權利。經驗讓你知道，事情在關鍵時刻有可能出錯，也真的會出錯。

老將有時會因為過於小心翼翼而喪失自信，因為他們太了解風險——他們知道陷阱何在，也清楚各種犯錯的可能。此時，你要仰賴菜鳥時期練出來的「選擇性失憶」，重拾那份固執的信念：出手那一刻之前發生過的事全都不重要。**重回初學者的心態**。除了當下，什麼都不存在。

只有這一刻才是關鍵。

下一球會進。

CU
3

「身為隊上最老的球員是什麼感覺？」這大概是我在2019–2020季前訓練營被問得最多的問題。

記者們彷彿在那年9月都在電腦上設定了快捷鍵，一按就能打出：「目前三十一歲的柯瑞是勇士隊陣中最年長的球員⋯⋯」我試著開誠布公：「真的有實感嗎？還沒。人們有不斷提醒我嗎？當然。我希望自己擁有超過實際年齡的智慧，但在球場上繼續保有年輕的活力。」

那一年的重心是帶領球隊面對新陣容帶來的挑戰與機會。我們不只失去了史上最強大的全能球員之一凱文．杜蘭特，也告別球商無可取代的兩位老將，安德烈．伊古達拉以及尚恩．李文斯頓（Shaun Livingston）。克雷在對上暴龍隊的冠軍賽第六戰撕裂前十字韌帶，手術之後缺陣。於是，只剩我一個老大哥帶領大家熟悉勇士隊的新主場大通中心。

第一場季前熱身賽之前，我跟卓雷蒙聊到如何在新主場安身立命。「兄弟，這是大通中心有史以來第一場比賽。」他說：「你得做點瘋狂的事才行。」

「什麼意思？」

「你應該要……」他想了一下，接著說：「第一次拿到球，你就應該直接從半場出手之類的。」我笑出來，而他用那種表情看著我。他不是在開玩笑。

顯然，我想打好新球場的第一場比賽，但我沒想過要用特別的方式宣示這裡是我們的地盤——用第一顆進球向世界表明這是我們的主場。但卓雷蒙言之有理。

「好啊。」我微笑著說：「那我就來給這座球館蓋個章。」

「這就對了！」他幫我打氣：「這就對了！」

比賽開始，我們在跳球後拿到球，我把球運過半場。我心想，**來吧**，往前跨了兩或三呎，然後直接出手。

籃外空心。

球直接出界。我笑了出來，瞄了瞄對這個計畫一無所知的教練。跳球之後，這個可憐的傢伙只能眼睜睜看著我從40呎外把球丟出去。

那一球也算是幫大家打破大通中心初體驗的緊張感。我們是來這裡享受比賽的。**我用那一球對自己以及在場的所有人說：「歡迎來到大通中心。」**

SPALDING
SPALDING
FRANCIS

職業生涯的資歷愈深，掌握呼吸對我來說愈重要。這是最微小的細節，卻延伸至我做的每一件事。沒人能看到我在場上使用這項祕密武器。

我身邊的老將隊友也需要記得控制呼吸。隨著年紀增長，壓力也會變得更大。人們觀察你是不是進入停滯的高原期，有時你也會對別人的學習曲線不耐煩。

於是你開始對裁判大吼——無論他們是不是活該——或是氣到把護齒套扔出去。你可能對新來的人擺架子，而非指引他們從錯誤中學習。**成功永遠伴隨著壓力，但控制呼吸可以幫助你訓練自己回應壓力。**

大通中心的第一年不好過。我們在2019–2020賽季的開幕戰輸給快艇隊，到客場打了兩戰，再回到大通中心迎來賽季的第四場比賽。對手是鳳凰城太陽隊，那只是我們在大通中心打的第二場比賽。第三節，身高六呎十吋的中鋒阿隆・拜恩斯（Aron Baynes）試圖製造我的進攻犯規，我跟他絆在一起跌倒。失去平衡的他整個人壓在我的左手後側。

我爬起來甩了甩，但馬上意識到**事情非常不對勁**。我的左手第二掌骨斷了。兩天後，我接受手術，固定骨折處，一個月後又進行第二次手術，取出鋼釘。手上留下兩道漂亮的疤痕，現在成了我身體的一部分。

我的訓練師布蘭登．潘恩承認這是我受過的傷裡最讓他擔心的——以往都是傷到肌肉或韌帶，但這次是骨頭。我最害怕的是隨之而來的麻木感。左手有兩根手指在七個月後才完全恢復知覺。

我整整缺陣四個月。復健在南加州進行，所以我大部分時間沒有隨隊。但我下定決心在那段時間繼續做個領袖，繼續當球隊的資源。當你無法親身陪伴球隊，另一種挑戰出現：無法到場的情況下，如何持續關心隊友？怎麼確保每個人在更衣室裡維持球隊文化？

如果你願意注意這些事，就會發現即使沒有上場打球，你的聲音與存在仍然可以產生影響。**觀察與隊友互動的細節，捕捉人際連結的微妙之處**。關鍵在於確保每個人——從主力球星到第十五人——都感覺自己在勝利的過程中不可或缺。

遺憾的是，我們那年打得很爛。事實就是這樣。我拼了命想趕快回到場上。接近新年的時候，我建立起不錯的日常節奏，能穩定回到館內練球。大通中心感覺起來還是不像個家。我僅僅在那裡打了兩場比賽，而即使我努力維繫和球隊的連結，心裡還是預期屆時需要重新向球迷和這座全新主場「報到」。

所以，當我終於在2020年3月5日對上暴龍隊的比賽復出，我就像開學第一天的新生，而其他同學已經在這所學校待了好幾個月了。我們那時的戰績很可怕，在全聯盟墊底。這樣的戰績之下，球隊在這一季已經沒什麼可爭了，能夠再次踏上球場打籃球還是讓我很快樂。球迷們給我的熱烈歡迎對我也有助益。我其實也不算缺陣太久，但球迷讓我清楚感受到他們很想念我。那份愛是療癒的良藥。

Remember
and grace y
on the c

莫忘一路走來曾

the patience
ou needed
ome-up.

需要的耐心與包容。

30

如果你不自己學會謙卑，人生終會教你這一課。我前兩球失手，但漸漸找回感覺。我用假動作晃開派屈克．麥考（Patrick McCaw），出手命中。但和你我談的主題有關之處在於，那球是在24秒進攻時限快到點時投出，我其實就只是趕在蜂鳴器響起前隨手一扔。任何射手都知道，還在找尋節奏或是手感不順的時候，重回正軌之道就是把自己逼到「**無法想太多**」的境地。時間所剩無幾，除了出手別無選擇，於是思緒把情況徹底簡化。你只能順著純粹的衝動行動，沒有多餘雜念。「不管了，就投吧。」

這就是最棒的出手。**頭腦乾淨，焦點單純**。有時球還真的進了。

我露出大大的微笑。我就是回到場上享受打球的樂趣。

但在復出的第一場比賽中，我最愛的不是那一球，而是這一球：我做了一個投籃的假動作，兩名防守者直接飛掉——我快速運球橫移，然後把球甩出去——用**之前斷掉**的左手，謝謝——背後傳球給安德魯．威金斯（Andrew Wiggins）。他接球順勢得分。

我不只是感覺到左手回來了——我感覺到創意回來了，也就是定義勇士隊球風的那種靈動、美感與驚奇。我那場球打得可圈可點，還在適應大通中心，而我們在最後一、兩分鐘輸掉比賽。但那場比賽很重要，因為它讓我知道我在那個環境中可以得到多少快樂——跟身處其他球場分毫不差。那一晚讓我知道，我為了重返球場而付出的一切全都值得。在漫長的復健之後，我需要這樣的獎賞來為自己充電。

然後……聯盟就停賽了。

從2020年3月11日開始，因應新冠疫情，NBA取消所有賽程。那年夏天，聯盟在佛羅里達州迪士尼世界的一個封閉設施中重啟，以所謂的「泡泡」模式打完最後八場例行賽，然後進行季後賽。三十支球隊中有二十二隊受邀參加，墊底的八隊則因確定無緣季後賽而未獲邀。

我們那時打了50場，只贏15場，在三十隊中排名第三十名。勇士隊沒有收到邀請。不用進駐迪士尼泡泡，代表我還要再等七、八個月才能在新的賽季上場打球。

這也代表我們習以為常的NBA節奏被打破了。這感覺不像我新婚時遇到的封館，也不同於為了重返球場日復一日專注執行特定復健項目的歲月。頓失重心的我墜入職業生涯的最低潮。

打從兒時看著父親打球開始，一直到成年，我的人生總是依循球季循環而運轉：季前訓練營、明星賽前的例行賽、明星賽後的下半季，接著是季後賽，最後才進入休賽期。這就是我眼中的一年——我也早已學會依此分配自身精力並且安排生活的優先順序。

現在沒了。突如其來的中斷讓人措手不及，但我想要善用這段空白，把身體練得更強壯，讓場上做出的每個動作更高效。之後，我將以三十三歲之齡重回賽場。**我記得自己當時心想：這不失為一個良機**。

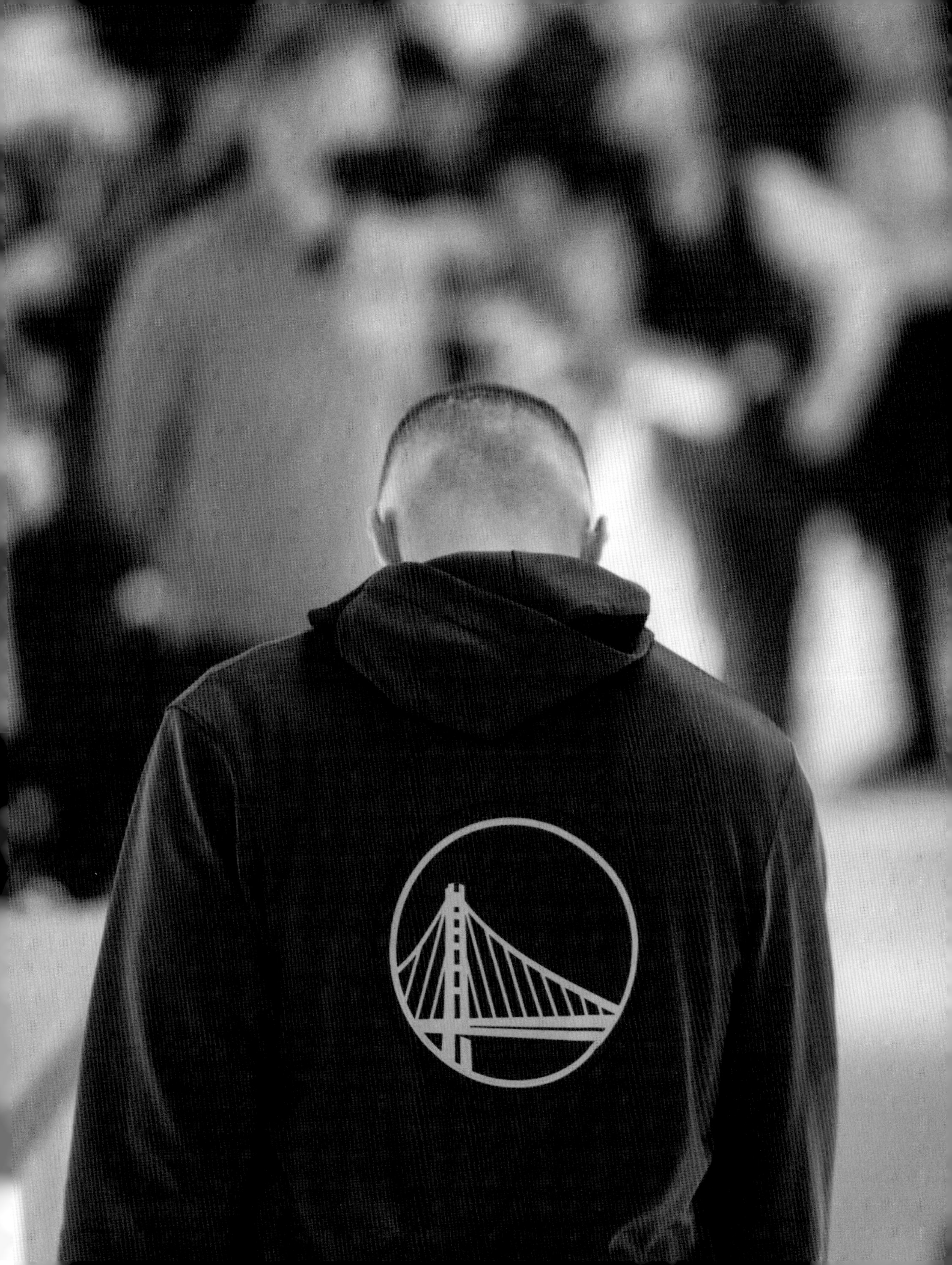

EAT. LEARN.
OAKLAND
incredib

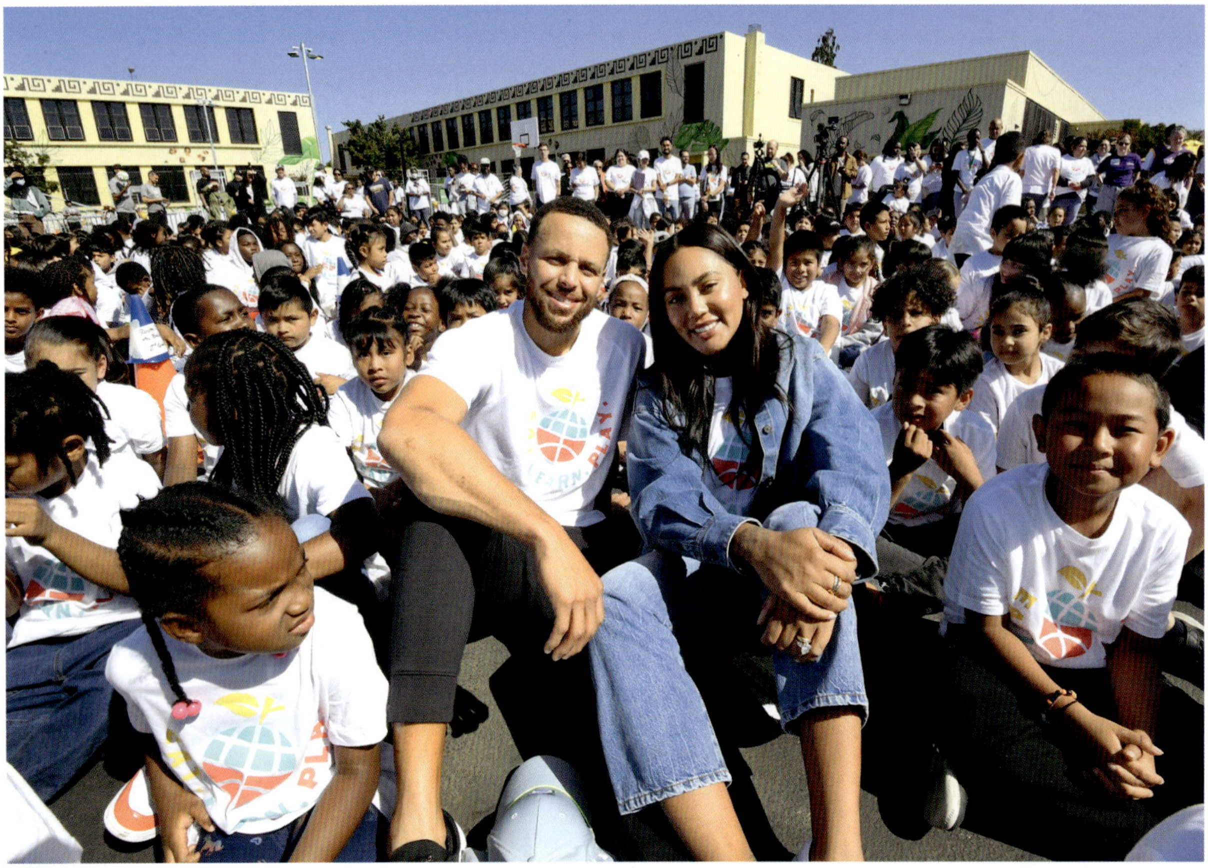

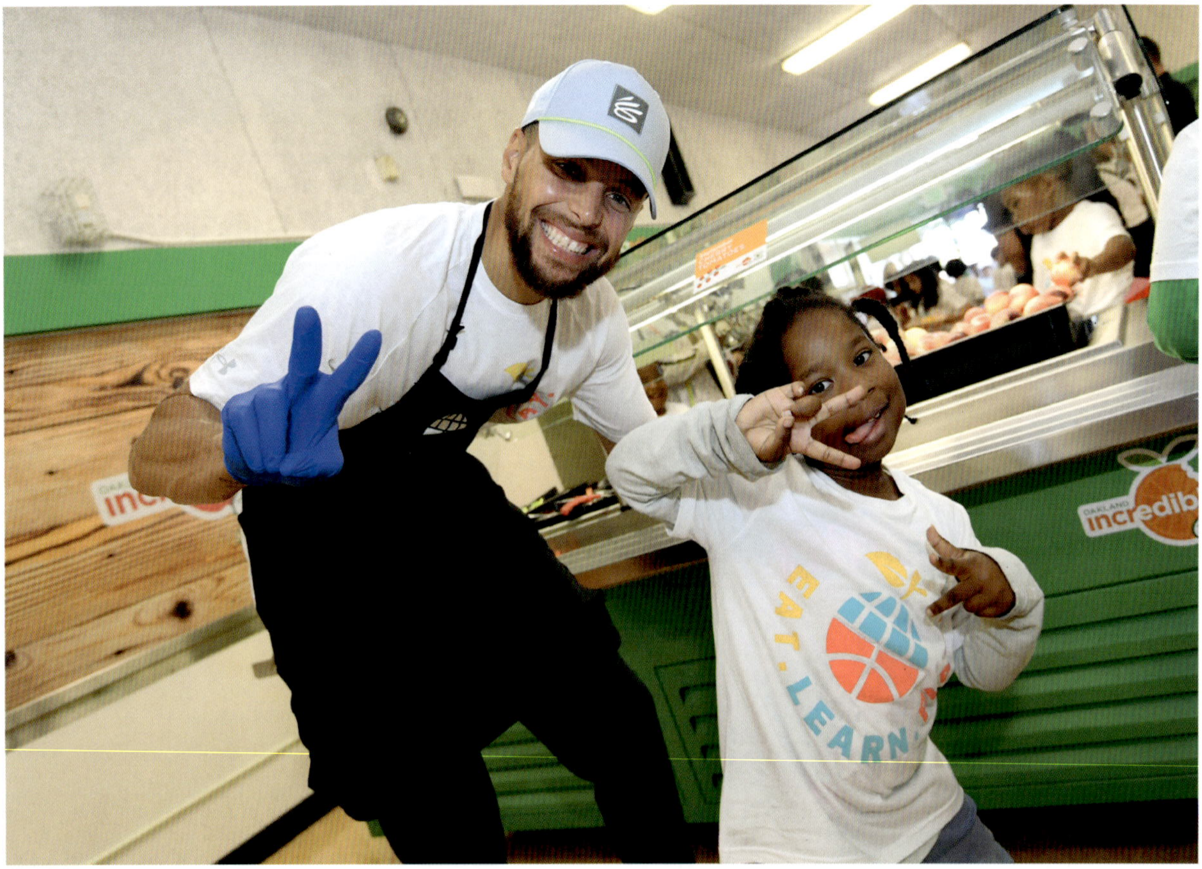

上帝會用祂的方式讓你準備好面對關鍵時刻，而我很驕傲地看著我太太在疫情席捲社區之際挺身而出。阿耶莎一直對終結兒童飢餓懷有熱情。這些年來，我親眼看她持續與各個組織合作，學習如何以最有效的方式完成這項使命。我跟她在2019年決定一同投注時間與愛心，為孩子們打造一個村莊般的支援體系，回饋支持我們的社區。

我們組建團隊，發起Eat. Learn. Play.計畫，為孩子們提供健康快樂童年所需：營養的餐點、高品質的閱讀資源，以及活動的安全空間。

我們沒料到基金會才啟動短短三個月就遇上疫情爆發的2020年3月。運作中的我們正好可以立即採取行動。很多孩子原本仰賴學校提供的餐食——早餐和午餐——卻在彈指間被中斷。我們必須迅速應變，進行餐食配送，甚至重新開放幾間餐廳，讓人們重返工作崗位。**我們恰巧能為人們補上這個缺口——這都是上帝的安排**。

如我所說，準備就是一切。我們送出兩千萬份餐點。能夠在這場歷史性的危機中擔任關鍵應對者，我們滿懷感恩。

THE PURPOSE OF POWER
ALICIA GARZA
MARVELLERS
CLAYTON
Nurture Your Garden
HOW
YOU
BECOMING
ADAPTED FOR YOUNG READERS

當我們思考哪些要素能夠幫助孩子充分發揮潛能，確立了三大必要：吃、學、玩。三者之中，識字能力對我來說尤其重要。

我媽媽是一位教育者，所以我從小就明白，讓孩子們取得具有文化意義且符合年齡的書籍，有多麼重要。把閱讀變得有趣，正是打開孩童學業成功之門的鑰匙。

我媽媽是這個領域的強大驅力。她創立我一到六年級就讀的蒙特梭利學校，身兼老師與校長。當時的我就算想逃，也逃不出她的手掌心，而現在的我努力想跟上她在教育方面的腳步。

Eat. Learn. Play.計畫最有力量，也最能帶來改變的事，就是讓孩子們知道我們會為他們做什麼，然後確實執行。承諾的履行對孩子們的意義遠超任何登上頭條的天文數字捐款保證。

我們承擔基金會所有營運開支，所以每一分捐款都百分之百直接流入社區。寫下這段話的同時，我們正與奧克蘭聯合校區合作，計劃在未來四年挹注超過五千萬美元。那裡正是孩子們每天吃飯、學習和玩耍的地方。我們真的有機會在孩子們的所在地與他們相遇。

抓住服務他人的機會。我建議你從身邊的社區開始，心懷清楚的目標，讓影響力產生具體的改變。然後，以這個目標為核心制定往後的策略。

假如我早知道2021年1月3日在主場對陣波特蘭的比賽會成為我生涯得分最高的一戰，我也許不會頂著那頭髮型。

那是因疫情而縮水的賽季，在聖誕節前幾天才開打。我們已經吞下一些難堪的敗仗，包括在元旦輸給拓荒者隊。兩隊再次碰頭，人們都說波特蘭的達米安．里拉德（Dame Lillard）正在崛起，而勇士隊制霸的時代即將告終。

我在那場比賽徹底爆發，如入無人之境，只要出現一絲空檔，出手必進。**我感受到一直以來追求的那種冥想般的平靜，連思考的必要都沒有**。

我豪取62分，創下生涯新高，同時提醒全世界：我們還在。

BAY
30

MAKE NOISE

隨著年齡增長，你愈來愈懂得珍惜家庭帶來的根基。我知道不是每個人都跟我一樣幸運。父母是我所有作為的基石。家庭結構也許會改變，有了新的樣貌，甚至可能分裂。境遇——**人生**——會迫使你重新設想所有的關係。儘管如此，我們仍能給予彼此支持。我的父母在2021年離婚。起初，那讓我很難受，縱使我沒有馬上處理那份情緒。然而，不經一事，不長一智。我漸漸學會把這段重新調整的家庭關係看作是一種福份。我能從這個經驗中汲取什麼教訓，讓我自己的婚姻更形穩固？我要如何個別向父親與母親表達感恩，謝謝他們在我的人生中不斷灌注愛與信心？這些年來，我訓練自己**在困境中看見機會**。現在，我也在其中看見美好。

Ayesha
Curry
CAN
Cook

30

這是我最愛的時刻：八十二場比賽裡，大概會有十五到二十個瞬間讓我直接感受到夏季苦練的成果。我會望向和其他訓練師一起坐在場邊的Q，指著他致意。

我在去年鑽研一種出手動作，那是我從2014賽季自然而然開始使用的招數，還沒刻意認真練過，卻成了我的武器之一。

然而，這種出手突然碰壁。不是投短，就是過頭。屢投不進。我必須讓這招重新回到火藥庫，作為切入取分的選項之一。畢竟我不可能飛起來顏扣防守者，所以需要高弧度的快速拋投，才能搶在長人試圖打火鍋之前出手。

那個賽季，橫跨幾場比賽，我的這招拋投連續六次失手。某天早上練球的時候，我對Q說：「我真的用不出這招了。」

於是，我們開始練這個動作，認真上強度。Q試圖幫我調整平衡。我們把其他技巧都擱在一旁，專心打磨這一招，而且**模擬比賽的速度與實戰的心態**。下一場比賽，我終於用這招把球送進籃框。然後，我就在比賽中間指著板凳席上的Q。動作卡關的時候，我需要教練團的回饋，才能用新的觀點破解謎團。有時像在下棋，有時又像打地鼠。

還是菜鳥的時候，我可以完成全套訓練，上場比賽——隔天起床神清氣爽，蓄勢待發。現在，情況不同了。一天的工作結束，我就馬上開始為隔天備戰。從飲食、睡眠、恢復計畫，到觀看比賽影片，為下一戰做準備的循環永無止盡，而且這一切準備工作的開始比當菜鳥的時候早多了。

寫下這段文字的時間是星期五下午三點四十分。我要在明天下午五點半上場比賽，而我大概在兩個小時之前就在腦中啟動備戰流程。我把今天下午四點半到晚上七點半完全留給孩子、家庭還有晚餐。等孩子們就寢，我會從晚上八點半到十點進行身體養護。然後，跟太太小酌一下，就上床睡覺。

做隊上的老大哥，這件事需要適應。去年夏天，我跟一位新隊友初次見面。他跟我說：「嘿，你拿MVP的時候我才八年級。」

「第一座還是第二座？」我也只能這樣回。但這是真的：我們第一次奪冠的時候，很多現在的隊友還在讀小學。很好笑，但也讓我感覺很好。因為**我知道自己仍在全盛期**。我可以笑著回首來時路，因為我還沒看見前路的盡頭。

要知道新一代會考驗你的領導力。每一天都會。他們正在初次經歷各種事情，有些你當年也經歷過，也從中學習過，但有些對你而言全然陌生。舉例來說，我前面那一代球員可以在休賽期間消失，沒有手機鏡頭，也沒有媒體報導他們私下的訓練。反觀，我之後的這一代球員面對的又是截然不同的壓力。**莫忘一路走來曾經需要的耐心與包容**。現在，給予他人同樣的耐心與包容。

EXIT
30

年輕的時候，我們必須一點一滴在球隊裡建立冠軍DNA；如今身為老將，我們的責任是維護與傳承。我知道，光是顧好自己的表現就夠老將操心了——但讓我談談我們怎麼**撥出時間與空間激勵年輕球員**：

想像走進我們的訓練中心。這座巨大的練習設施裡有個讓我們看影片的小角落。那場景就像任何一間大學或高中體育館——摺疊椅和推著走的電視都是標配。身處全美最先進的球場之一的我們就是這樣看比賽影片。多數的教育和對話都在此處發生——大家一起看影片，指出哪裡執行得好、哪裡需要改進。

我、卓雷蒙，以及安德烈．伊古達拉——伊古達拉還在這裡打球時，我們三個是影片時段的主要發言人。當然，科爾教練和教練團也會講話，但身為老將的我們有權直言不諱。有時是我直白表明：「我們前兩節乏善可陳——讓對手拿太多分了。開局就打不好，等於給對方落井下石的理由。」有時會是卓雷蒙風格的一段五分鐘激情獨白，讓全場豎起耳朵聽。

我們也會在手機裡的團隊群組提出建議——來自隊內領袖的鼓舞訊息會在賽前跳出來。卓雷蒙會發幾句話談談今晚的比賽，然後我會補充一些更宏觀的提點，協助大家建立信心。我的焦點是讓大家記得我們走在正確的道路上，就算遭逢挫敗，也要懂得將之轉化為成長的養分。

勇士隊帶著很高的期望進入2021–2022賽季，但不知道所有人一起上場會打得怎樣。我們的陣容是新舊混搭。老將這一邊，在克雷因傷缺席上半季的情況下，顯然由我和卓雷蒙負責掌舵。

老將與新秀的組合可能帶來難題。老將要試著敞開胸懷，讓新的球隊特色與你從過往經驗習得的贏球之道結合。這在本質上就有衝突，心中想像的球隊樣貌是一回事，不同個體組合而成的現實又是另一回事。

我在訓練營期間持續實驗，大致掌握每個人的球技特色以及成長潛力，同時確保溝通方式不要讓人自覺達不到我的標準。等到賽季開打，我擔心全隊尚未磨合完成。我們還在成長，還在認識彼此——作為一支團隊的樣子——且戰且走，邊打邊摸索。

就在身份認同還沒成形的狀態之下，我們開季打出18勝2敗的佳績，這對一支年齡跨度如此巨大的球隊來說聞所未聞。

我們只要繼續保持。

23
SECURITY

2021年12月14日，紐約麥迪遜廣場花園。

創下NBA生涯投進最多顆三分球的紀錄絕對是我的目標，只是不知道會在什麼時候成真。

我的三分球標準一直是高效的大量出手。但12月14日前那個禮拜，我在高效方面掙扎，因為破紀錄這件事佔據我的腦袋。我太專注於遙想破紀錄的瞬間。當然，我記得觀看2011年2月10日的那場比賽，當雷．艾倫（Ray Allen）在波士頓主場打破瑞吉．米勒（Reggie Miller）的生涯三分球紀錄。他投進的那顆球對我來說仍歷歷可見——第一節一記大號三分——擔任球評的瑞吉．米勒現場見證，親自傳承火炬。「兩千五百六十一⋯⋯」他拉長聲音，刻意凸顯這項新紀錄的歷史意義。他們甚至中止比賽來慶祝這個里程碑。想到自己即將身處那樣的位置，那是一種超現實的感覺。

十四日的比賽開打，我還差**兩顆**三分球才能超越雷．艾倫的生涯2,973顆紀錄。更瘋狂的是，竟然要發生在麥迪遜廣場花園。這個被譽為籃球聖地的地方正是我的生涯起點。開打不到兩分鐘我就投進一顆三分球，追平紀錄。接著，卓雷蒙傳球給低位的安德魯．威金斯，我回到三分線外，威金斯把球傳給我。剩下的，就是歷史了。

在廣場花園成就這件事，在雷和瑞吉面前，在我的家人面前，那對我來說是一個魔幻時刻。我至今仍會因為回想起那天而心潮澎湃。我很感激雷．艾倫和瑞吉．米勒到場，我們三人共投進8,505顆三分球。

科爾教練在那晚指出：光是那場比賽，我們和尼克隊兩隊合計在三分線外出手82次。這顯示出聯盟在我進來之後改變了多少。科爾教練常提醒我，他擁有NBA史上最高的三分球命中率，但也開玩笑說那是因為當年的他都是空檔出手——每場只出手兩、三球——而我是在對手嚴防之下每場在三分線外出手十二次。我以身為三分球傳統的一份子為傲，**但我也以改變籃球而自豪**。

2,9

74

predictions:
HAIGHT
To Market &
Daily ~ 6:30AM
SAN BRUNO
To Ferry Plaza
Daily ~ 5AM-Midnig
9R
SAN BRUNO R
To Main & Mission
Mon-Fri ~ 6AM-6:30
21
HAYES
To Steuart & Market
M-F Approx 5AM-11:
Sat/Sun Approx 6A

當人們回顧2021–2022賽季，總會聚焦在賽季的開頭和結尾——我們奪冠。但他們忽略了中間的過程。我們開季勢如破竹，方方面面天衣無縫。對於新成員來說，這似乎是加盟這一支球隊自然而然的結果。畢竟在此之前，我們已經拿過三座總冠軍。成為勇士隊的一員，本身就帶有某種意義。新人套上這件球衣，重量隨之而來——必須證明自己配得上的壓力。以前他們研究我和卓雷蒙的打法，現在則與我們並肩作戰。他們心裡很可能覺得**我們理所當然會贏**。

然後，我們開始贏不了。18勝2敗的亮眼開局之後，原本的坦途變得顛簸，突然，我們完全不像一支屢戰屢勝的球隊——勇士隊應有的樣子——這樣的狀況大約持續了三個月。我們在勝利的過程中深化對彼此的了解，但一旦開始輸球，我們連自己是誰都搞不清楚。

懷疑也悄悄爬上我的心頭，這很危險。當我陷入那種脆弱的狀態，整個賽季會在我眼前無限延展——八十二場比賽真的非常漫長。

老將和新人面對不同的挑戰，結果卻可能如出一轍：**過度思考，動彈不得**。新球員想不通為什麼原本順利的做法突然失靈——不是找人背黑鍋，就是懷疑自己是扯全隊後腿的冒牌貨。老將則被回憶糾纏——想起贏球的艱鉅，以及在悲痛的落敗後開車返家的煎熬。

無論你是何者——老將或新秀，MVP或菜鳥——失去信心會讓你變得過度謹慎，太怕搞砸，所以不敢在關鍵時刻出手。你推翻自己的本能。

那麼，老將到底能為這些年輕球員提供什麼？我們比任何人都清楚，贏**一場**NBA比賽有多困難，只光是拿下**一場**就很不容易，遑論贏得總冠軍的目標。

解答是：專注贏**一場**。

當務之急就是把遙不可及的遠大目標拆解成易於落實的小步驟。「能達成的事」成了我們的行動準則——這些小勝利會讓我們愈來愈接近那個不再被掛在嘴邊的終極目標。因為，一直談論奪冠只會在每日的作為上施加過多壓力。

所以，我們退一步自問：「可以致力於完成哪些小事？」

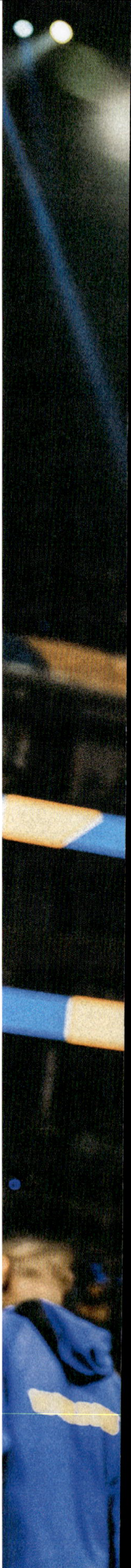

我們能否在**這場**比賽把犯規控制在15次以內？或是在**今晚**把失誤減少到10次以下？如何在防守端把**這支**球隊的得分壓在某個數字以下？

說，假如一週有三場比賽，我們就專心拿下其中兩場，如此一來，我們就能擁有「勝多敗少」的一週。這種小勝利在賽季的艱苦時期為我們創造激勵與歡慶的時刻。

我執著於這樣的「小目標」——讓我保持「一場一場打」的心態——幾乎像是自我催眠，讓你在一次追逐一個小目標的過程中，不知不覺做到在最高層級獲勝所需的所有細節。我們靠著不談論奪冠來成為一支冠軍球隊，我們純粹享受日日變好的過程。

WARRIORS

這始於2022年4月對上丹佛金塊隊系列賽第三戰第四節倒數階段的一段自言自語。我們成功守住一波，比賽還剩下一分鐘。

「**讓他們洗洗睡吧**。」**我對自己說**：「**叫他們去睡**。」

身為一個爸爸，有些夜裡最大的成就就是順利讓孩子上床睡覺。任務完成。

該結束這一晚了。我心想。

我上籃得分，然後在臉旁合掌做出「晚安」手勢，單純自己做爽的。

Put 'em to sleep, I told myself.
Put 'em to sleep.

「讓他們洗洗睡吧。」我對自己說：「叫他們去睡。」

Google Pixel
coinbas

30

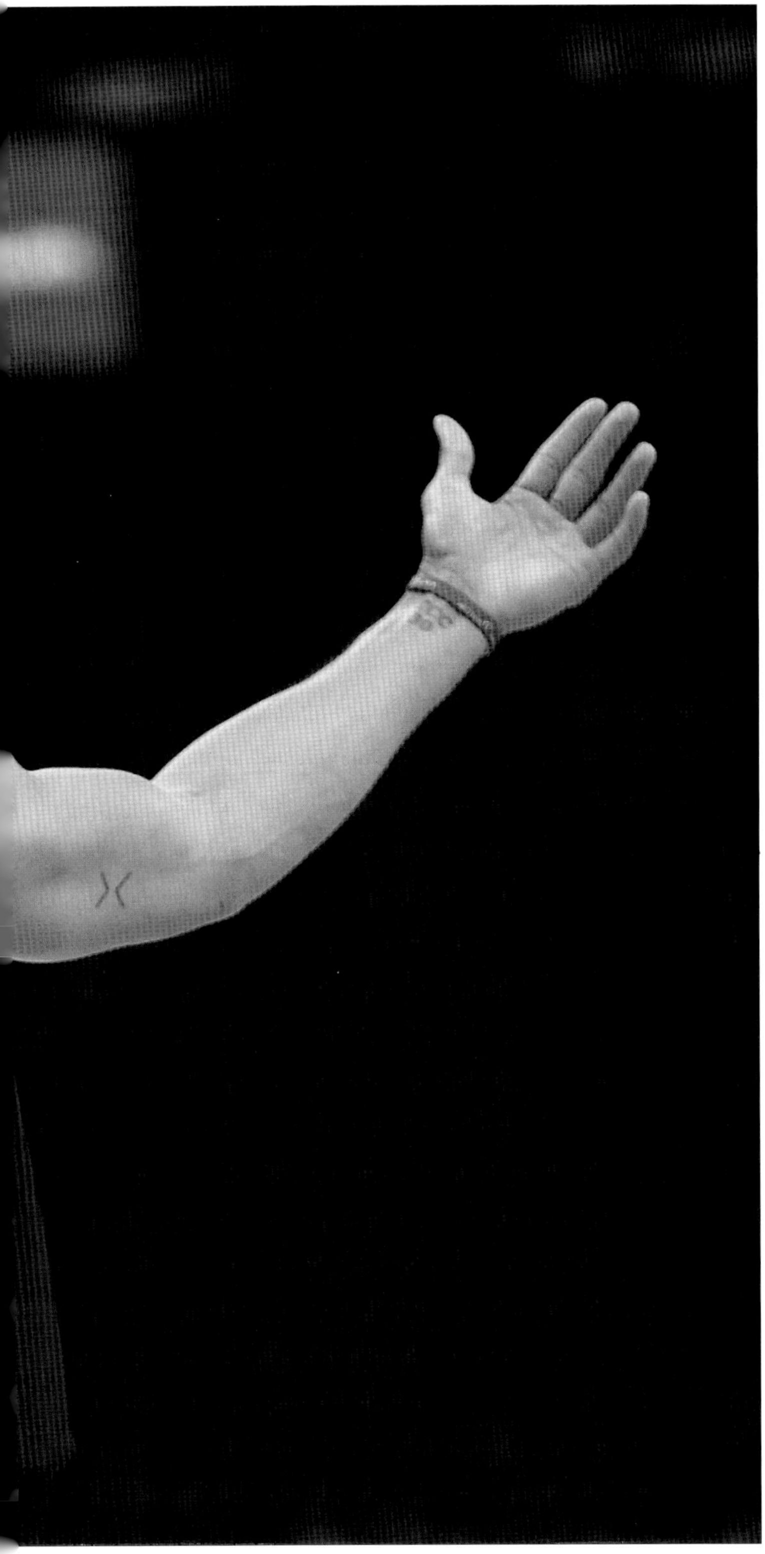

在波士頓，我們在系列賽以1–2落後。

那是2022年總冠軍賽的第四戰。我們心知肚明，輸掉這場就沒戲唱了。波士頓的球迷整晚都用噓聲與咒罵轟炸卓雷蒙。這把我惹毛了。自家球隊占上風的時候，球迷很容易變得又吵鬧又惡毒。

我在第一節投進一球，然後對著整個球館大吼，試圖帶出不同層次的能量：「**我們就在這！沒錯！今天不一樣！**」

我過去很少用這種方式表現求勝心——手臂大展、跋扈囂張，刻意要讓所有人看見。如果說他們——他們的球隊、他們的觀眾——想挑戰我們的能量和氣勢，我們就要比他們更兇。我們通常整季依賴卓雷蒙帶來這種火花，所以卓雷蒙認為這場比賽是我在職業生涯中最偉大的演出，似乎也合情合理。

我只是單純想要贏下那場比賽。

身為一名老將，你開始明白某些時刻需要不同層次的表現。重點在於平衡：不能太想贏，以至於患得患失，被壓力拖往錯誤的方向。就算身處充滿敵意的環境，你仍須冷靜上場打球。但有時候你要釋放殺手本能。

第六戰終場哨聲響起，我哭了。我們拿下第四座總冠軍。

這些年積累的挫折情緒，全在那一刻隨著難看的淚水噴湧而出。就算在那些小勝利之中，你也一直背負著這些情緒。你投注在這份工作的一切全都如影隨形：每一個細節、每一個你關心過的隊友、每一次他們受傷時的禱告。那些年來試圖尋覓對的拼圖，找到對的人，同時每天感謝上帝，因為自己還能在最高層級打籃球。身為球隊的老大哥，你一直把這些重量扛在肩上，習以為常，甚至沒意識到自己扛著。

然後，你贏了。發生的時候，要牢牢抓住那種感覺。我能隨心所欲把自己放回那個時刻，那是一種美好的感覺。**當你覺得目標遙不可及，讓回憶成為重返榮耀的動力**。再拚一回，再贏一次。

POOLE
3

CHAMPIONS

假如我們在2021–22例行賽期間順風順水，一直到季後賽都沒遇上崎嶇，我確定結果會截然不同。少了沿途的波折，我們就沒有機會了解，在情況不如意的時候，我們會是一支什麼樣的球隊。無論阻礙和挫敗何時到來，重點是從中獲得最大的成長。逆境揭露了你已經成為什麼樣的人，也揭露了你往後可能成為什麼樣的人。我在職業生涯的後段得到無比珍貴的禮物——**再次重新認識自我與探索可能性的機會**。

我通常不會隨身戴著四枚冠軍戒指。總冠軍獎盃、MVP獎盃、全明星賽獎盃——都乖乖待在辦公室。但我戴著三枚冠軍戒指參加2022年舊金山的冠軍遊行。事實上，我把所有NBA獎盃都搬上遊行花車，一位家族成員負責保管一座。

其中一段，他們把所有獎盃都塞到我手上，我嘴裡同時叼著一根雪茄。在沒人看好的情況下奪冠，然後沿著市場街（Market Street）遊行，這種感覺太爽了。

冠軍遊行是個奇妙的時刻，結合適度的自我陶醉與強烈的無私感激，你可以放任自己炫耀一下——畢竟，你就是被放在花車上，沿街讓所有人看你的成就。但你也能利用這個機會感謝那些讓這件事成真的人們：隊友、球迷、家人。所有人一起慶祝這場眾志成城的凱旋。遊行公開展示了不變的現實：我們始終相互扶持。我們不會天天站在花車上——但**每天都是一場靜謐的私人遊行，歡慶恆久的愛、羈絆，以及感恩**。少了這樣的基石，我不知道今天的自己會在哪裡。

每個賽季都會帶來不同的挑戰。

七季四冠之後，我們在2022–2023賽季開打時就明白，只要本季沒有奪冠，就會被人們視為失敗的一季。

那年季後賽首輪，我們面對沙加緬度國王隊。我們在第六戰打得不好，沒能在主場終結系列賽，讓3–2的領先優勢變成平手。他們比我們拚。

我感覺到球隊的能量不對勁，於是在研究影片之前跟全隊說了一番話。有人說我「傳遞了訊息」，但其實我只是強調信心的重要。我們必須相信自己是能夠贏下**這場比賽**的球隊。我告訴大家：只要搭上前往沙加緬度的巴士，就等於準備好為勝利不擇手段。

可想而知，有人會有這樣的疑問：「一支擁有如此亮眼履歷的球隊進入季後賽竟然還需要勵志演講？」但領導力的試煉與挑戰是不分時刻與場合的。我平常不是那種高談闊論的人——我通常把這個任務留給教練團和卓雷蒙。但如果不在第七戰之前把該說的話一吐為快，我會睡不著覺。

我在第七戰轟了50分，光是下半場就攻進30分，但我們是以團隊的身分奮戰。儘管外界認為我們已經沒戲唱了，我們仍打出高水準的籃球。我們贏了系列賽，但接著在分區準決賽以2–4被湖人隊淘汰。然而，我們登上球隊巴士，**為眼前的戰鬥做足準備**。這就是勝利。

喜悅一直跟著我，是我的指引，也是我的動力，但那是因為我一直用心守護著它。我知道一定要讓這把火焰持續燃燒，這樣它才能點燃我的努力。

客場之旅期間，球員會有自願參加的練投時間。大家輪流進場，各自完成三十分鐘的練習。每一次，我都在開練前一秒告訴自己：**要來了。好，專注。**第一顆球破網之後，接下來三十分鐘在不知不覺中飛逝。**專注、意念、愉悅——思緒隨之暢通**。

Change t

he game.

改變籃球。

上週六晚上，孩子們就寢之後，我套上帽T，走到我們家後院的籃球場，狗狗也跟著我跑出去。北加州的夜晚到了夏季還是有點冷，跟我長大的夏洛特完全不一樣。我們家周圍種了很多樹，微風吹拂橡樹和常綠樹的枝葉，我開始投籃，一球又一球。這一刻正是我二十年前在爸媽後院重塑投籃時所追求的——純粹的喜悅。我甚至沒意識到自己在外面待了三十分鐘——就是打球而已。

今天下午，有人問我現在打球快不快樂，我一時答不上話。於是，我拿出手機，打開家中保全監視器的應用程式，給他們看上週六晚上我跟狗狗待在球場的錄影畫面。「我想讓你們看這個。」我說：「因為這捕捉了一球在手的純粹喜悅。」他們湊過來看。基本到不能再基本的黑白畫面中：我運球、起身、投籃，一球接著一球。彈地、投籃、破網。**至高的喜悅**。

CURRY
30

逐漸走入職業生涯的尾聲，我相信自己還是可以打出好球。但這個問題不可避免：「你有考慮退休嗎？」

我確實有在思考，但也許不是用他們所想的方式思考。生涯的倒數確實存在，但這對我來說並非恐懼的來源。這是一份禮物。倒數讓我更有動力去把握**當下**。讓我抓緊仍然擁有的任何機會和優勢。因為我當然知道，籃球終有停止彈跳的一刻。但那一刻還沒到。**生涯的倒數讓我活在當下**。

比賽中每一次進攻，我都會抬頭看一眼進攻計時器，以便了解自己還有多少時間。計時器的存在就是要讓你知道是否需要加快進攻節奏。然而，隨著比賽進行，隨著經驗累積，你會明白計時器的重點不只是時間。

計時器會逼你加快動作與決策的速度，但有些時候，你要用不同的方式與計時器合作，放慢節奏、調整步伐。

你不能讓時間變慢，但你可以珍惜時間。讓時間有意義。

Rakuten
DEN STA

CURRY
30

我熱愛自己有幸做的一切。而且，我也不會自大到以為自己未來不會想念這一切。餘下的時間裡，我想要盡已所能從中創造最大價值，直到最後一刻都做好「球來就投」的準備。

謝辭

容我向那些幫助這本書誕生的人們表達感激之情，包括我在30Ink的團隊（Tiffany和Suresh），以及在Unanimous Media的團隊（EP和KMK）。沒有UTA的合作夥伴Byrd Leavell和Albert Lee，我們無法走到這裡。最關鍵的隊友是Kevin Carr O'Leary、Khristopher "Squint" Sandifer、Getty Images，以及為本書提供照片的偉大攝影師們。由衷感謝一路支持我的人，NBA和勇士隊更是功不可沒。

最後，我要對我的家人說——阿耶莎、萊莉、萊恩（Ryan）、卡農，以及凱烏斯（Caius）：我愛你們。

Image Credits 照片來源

Pages XVIII–XIX © Khristopher "Squint" Sandifer

Page XX © Khristopher "Squint" Sandifer

Pages 4–5 © Khristopher "Squint" Sandifer

Page 6 © Khristopher "Squint" Sandifer

Page 7 © Khristopher "Squint" Sandifer

Page 9 © Khristopher "Squint" Sandifer

Page 11 (top) © Khristopher "Squint" Sandifer

Page 11 (bottom) © Devin Allen

Page 12 © Noah Graham

Page 13 (top) © Noah Graham

Page 13 (bottom) © Khristopher "Squint" Sandifer

Page 15 © Noah Graham

Pages 16–17 © Devin Allen

Pages 18–19 © Khristopher "Squint" Sandifer

Page 22 (top) © Khristopher "Squint" Sandifer

Page 22 (bottom) © Khristopher "Squint" Sandifer

Pages 24–25 © Devin Allen

Page 27 © Khristopher "Squint" Sandifer

Pages 28–29 © Getty Images

Pages 30–31 © Khristopher "Squint" Sandifer

Pages 34–35 © Khristopher "Squint" Sandifer

Pages 36–37 © Devin Allen

Page 38 © Courtesy of Sonya Curry

Pages 40–41 © Devin Allen

Page 43 (top) © Devin Allen

Page 43 (bottom) © Devin Allen

Pages 44–45 © Khristopher "Squint" Sandifer

Page 46 © Khristopher "Squint" Sandifer

Page 47 © Khristopher "Squint" Sandifer

Page 49 © Courtesy of Sonya Curry

Page 50 © Devin Allen

Page 53 © Khristopher "Squint" Sandifer

Pages 54–55 © John Walder

Pages 56–57 © Noah Graham

Page 58 © 2022 NBAE (Photo by Garrett Ellwood/NBAE via Getty Images)

Pages 59–60 © Khristopher "Squint" Sandifer

Page 64 © Khristopher "Squint" Sandifer

Page 65 © Devin Allen

Pages 66–67 © Khristopher "Squint" Sandifer

Page 68 © Devin Allen

Page 69 © Devin Allen

Page 71 © Courtesy of Sonya Curry

Pages 72–73 © John Walder

Page 74 © John Walder

Page 75 © John Walder

Pages 76–77 © Illustration by No Ideas with Nicolas Ardeley

Pages 78–79 © Khristopher "Squint" Sandifer

Page 81 © Courtesy of Sonya Curry

Page 83 © Courtesy of Sonya Curry

Page 85 © Adobe Stock

Page 87 © Photo by Kavin Mistry/Getty Images

Page 89 © Photo by Kevin C. Cox/Getty Images

Page 90 © Khristopher "Squint" Sandifer

Page 93 © Photo by Gregory Shamus/Getty Images

Page 94 © Photo by Streeter Lecka/Getty Images

Pages 96–97 © Khristopher "Squint" Sandifer

Page 99 (top) © John Walder

Page 99 (bottom) © John Walder

Page 100 (top) © John Walder

Page 100 (bottom) © John Walder

Page 102 © 2009 NBAE (Photo by Angie Lovelace/NBAE via Getty Images)

Page 103 © Photo by Ji McIsaac/Getty Images

Page 107 © John Walder

Page 108 © Noah Graham

Pages 110–111 © Devin Allen

Page 112 © Khristopher "Squint" Sandifer

Page 115 © 2009 NBAE (Photo by Nathaniel S. Butler/NBAE via Getty Images)

Page 119 © Khristopher "Squint" Sandifer

Pages 120–121 © John Walder

Page 122 © 2010 NBAE (Photo by Rocky Widner/NBAE via Getty Images)

Pages 124–125 © Khristopher "Squint" Sandifer

Page 127 © Khristopher "Squint" Sandifer

Page 128 © Noah Graham

Page 130 © 2009 NBAE (Photo by Rocky Widner/NBAE via Getty Images)

Pages 131–132 © Khristopher "Squint" Sandifer

Page 134 © Photo by Sporting News via Getty Images

Page 135 © Noah Graham

Page 137 © Khristopher "Squint" Sandifer

Pages 138–139 © John Walder

Page 142 © Noah Graham

Page 145 © Photo by Gary Dineen/NBAE via Getty Images

Page 146a © Photo by Streeter Lecka/Getty Images

Page 146b © Photo by Kevin C. Cox/Getty Images

Page 146c © Photo by Gregory Shamus/Getty Images

Page 146d © Photo by Steve Dykes/Getty Images

Page 149 © Illustration by No Ideas with Nicolas Ardeley

Page 151 © John Walder

Pages 152–153 © Khristopher "Squint" Sandifer

Page 156 (top) © Khristopher "Squint" Sandifer

Page 156 (bottom) © Devin Allen

Page 158 © Photo by Marlin Levison/Star Tribune via Getty Images

Page 159 © 2010 NBAE (Photo by David Sherman/NBAE via Getty Images)

Page 161 © Khristopher "Squint" Sandifer

Page 162 (top left) © © 2016 NBAE (Photo by Garrett Ellwood/NBAE via Getty Images)

Page 162 (top right) © Photo by Ezra Shaw/Getty Images

Page 162 (center) © Photo by Ezra Shaw/Getty Images

Page 162 (bottom left) © 2016 NBAE (Photo by Noah Graham/NBAE via Getty Images)

Page 162 (bottom right) © Photo by Ezra Shaw/Getty Images

Page 163 (top left) © Photo by Thearon W. Henderson/Getty Images

Page 163 (top right) © 2015 NBAE (Photo by Noah Graham/NBAE via Getty Images)

Page 163 (bottom left) © 2015 NBAE (Photo by Noah Graham/NBAE via Getty Images)

Page 163 (bottom right) © Noah Graham

Page 165 © Khristopher "Squint" Sandifer

Page 166 © Khristopher "Squint" Sandifer

Page 168 © Khristopher "Squint" Sandifer

Pages 170–171 © Khristopher "Squint" Sandifer

Page 172 © Khristopher "Squint" Sandifer

Pages 176–177 © Photo by Scott Strazzante/San Francisco Chronicle via Getty Images

Page 179 (top) © Khristopher "Squint" Sandifer

Page 179 (bottom) © Khristopher "Squint" Sandifer

Pages 180–181 © Khristopher "Squint" Sandifer

Page 182 © Khristopher "Squint" Sandifer

Pages 184–185 © Devin Allen

Page 186 © Khristopher "Squint" Sandifer

Pages 190–191 © Khristopher "Squint" Sandifer

Page 192 © Khristopher "Squint" Sandifer

Page 195 © Devin Allen

Pages 196–197 © Illustration by No Ideas with Nicolas Ardeley

Page 198 © Devin Allen

Page 199 © John Walder

Pages 200–201 © Khristopher "Squint" Sandifer

Pages 204–205 © 2017 NBAE (Photo by Garrett Ellwood/NBAE via Getty Images)

Page 206 © Photo by Thearon W. Henderson/Getty Images

Page 207 © Photo by Lachlan Cunningham/Getty Images

Pages 208–209 © Khristopher "Squint" Sandifer

Page 210 © Noah Graham

Page 211 © Noah Graham

Page 213 © 2018 NBAE (Photo by Garrett Ellwood/NBAE via Getty Images

Page 214 © 2013 NBAE (Photo by Nathaniel S. Butler/NBAE via Getty Images)

Pages 216–217 © Khristopher "Squint" Sandifer

Page 218 © You Know Who Shot It! - Jordan "JSquared" Jimenez

Pages 220–221 © You Know Who Shot It! - Jordan "JSquared" Jimenez

Page 222 © Khristopher "Squint" Sandifer

Page 224 © Noah Graham

Page 225 © Nhat V. Meyer/Bay Area News Group (Photo by MediaNews Group/Bay Area News via Getty Images)

Pages 226–227 © John Walder

Page 228 © United to Beat Malaria

Page 229 © United to Beat Malaria

Pages 230–231 © Khristopher "Squint" Sandifer

Page 232 © John Walder

Page 235 © Khristopher "Squint" Sandifer

Page 237 © Photo by Daniel Gluskoter/Icon Sportswire/Corbis/Icon Sportswire via Getty Images

Pages 238–239 © Khristopher "Squint" Sandifer

Page 240 © Noah Graham

Page 241 © Noah Graham

Page 243 © Noah Graham

Pages 244–245 © Khristopher "Squint" Sandifer

Page 246 © You Know Who Shot It! - Jordan "JSquared" Jimenez

Page 247 © You Know Who Shot It! - Jordan "JSquared" Jimenez

Page 248 © Khristopher "Squint" Sandifer

Page 250 © Khristopher "Squint" Sandifer

Page 251 © Khristopher "Squint" Sandifer

Page 252 © Khristopher "Squint" Sandifer

Page 253 © Khristopher "Squint" Sandifer

Page 255 © Khristopher "Squint" Sandifer

Page 256 (top) © Khristopher "Squint" Sandifer

Page 256 (bottom) © Khristopher "Squint" Sandifer

Page 259 © 2016 NBAE (Photo by Joe Murphy/NBAE via Getty Images)

Page 261 © 2016 NBAE (Photo by Joe Murphy/NBAE via Getty Images)

Page 263 © 2015 NBAE (Photo by Noah Graham/NBAE via Getty Images)

Page 264–265 © Illustration by No Ideas with Nicolas Ardeley

Page 267 © Khristopher "Squint" Sandifer

Page 268 © Noah Graham

Page 269 © Noah Graham

Pages 272–273 © Khristopher "Squint" Sandifer

Page 275 © Khristopher "Squint" Sandifer

Page 276 © Khristopher "Squint" Sandifer

Page 277 © Khristopher "Squint" Sandifer

Pages 278–279 © Khristopher "Squint" Sandifer

Pages 280–281 © Khristopher "Squint" Sandifer

Page 282 © Noah Graham

Page 284 © You Know Who Shot It! - Jordan "JSquared" Jimenez

Page 285 © You Know Who Shot It! - Jordan "JSquared" Jimenez

Page 286 © Khristopher "Squint" Sandifer

Page 287 © Adobe Stock

Pages 288–289 © Khristopher "Squint" Sandifer

Page 291 © Khristopher "Squint" Sandifer

Page 292 © Khristopher "Squint" Sandifer

Page 293 © Noah Graham

Pages 294–295 © Photo by Jamie Sabau/Getty Images

Page 298 © Khristopher "Squint" Sandifer

Page 301 © Khristopher "Squint" Sandifer

Page 302 (top) © Devin Allen

Page 302 (bottom) © Noah Graham

Pages 304–305 © Khristopher "Squint" Sandifer

Pages 306–307 © Noah Graham

Page 308 © Noah Graham

Page 311 © Noah Graham

Page 312 © Khristopher "Squint" Sandifer

Page 313 © Khristopher "Squint" Sandifer

Page 314 © Khristopher "Squint" Sandifer

Pages 318–319 © Khristopher "Squint" Sandifer

Pages 320–321 © Khristopher "Squint" Sandifer

Page 322 © Noah Graham

Page 323 © Noah Graham

Page 324–325 © Devin Allen

Page 326 © Noah Graham

Page 327 © Noah Graham

Page 329 © Noah Graham

Page 332 (top) © Noah Graham

Page 332 (bottom) © Noah Graham

Page 334 © Khristopher "Squint" Sandifer

Page 335 © Khristopher "Squint" Sandifer

Page 336 (top) © Noah Graham

Page 336 (bottom) © Noah Graham

Page 338 © Andre D. Wagner

Page 341 (top) © Noah Graham

Page 341 (bottom) © Photo by Ezra Shaw/Getty Images

Pages 344–343 © Noah Graham

Page 345 © Khristopher "Squint" Sandifer

Page 346 (top) © Khristopher "Squint" Sandifer

Page 346 (bottom) © Khristopher "Squint" Sandifer

Page 347 (top) © Khristopher "Squint" Sandifer

Page 347 (bottom) © Khristopher "Squint" Sandifer

Pages 348–349 © Khristopher "Squint" Sandifer

Page 350 © Devin Allen

Page 353 © Khristopher "Squint" Sandifer

Pages 354–355 © Khristopher "Squint" Sandifer

Page 357 © Khristopher "Squint" Sandifer

Page 358 © Noah Graham

Page 359 © Illustration by No Ideas, Noah Graham + Getty Images

Pages 360–361 © Khristopher "Squint" Sandifer

Page 362 (top) © 2021 NBAE (Photo by Evan Yu/NBAE via Getty Images)

Page 362 (bottom) © Photo by Al Bello/Getty Images

Pages 366–367 © Khristopher "Squint" Sandifer

Page 369 © You Know Who Shot It! - Jordan "JSquared" Jimenez

Pages 370–371 © Khristopher "Squint" Sandifer

Page 372 © You Know Who Shot It! - Jordan "JSquared" Jimenez

Page 375 © You Know Who Shot It! - Jordan "JSquared" Jimenez

Pages 376–377 © Photo by Elsa/Getty Images

Page 379 © Noah Graham

Page 380 © Khristopher "Squint" Sandifer

Page 381 © 2023 NBAE (Photo by Jesse D. Garrabrant/NBAE via Getty Images)

Page 383 © Khristopher "Squint" Sandifer

Pages 384–385 © Khristopher "Squint" Sandifer

Page 386 © Khristopher "Squint" Sandifer

Page 387 © Khristopher "Squint" Sandifer

Page 389 © Khristopher "Squint" Sandifer

Page 390 (top) © Devin Allen

Page 390 (bottom) © Devin Allen

Page 395 © Adobe Stock

Page 396 © Khristopher "Squint" Sandifer

Page 399 © Khristopher "Squint" Sandifer

Page 400 © Khristopher "Squint" Sandifer

Pages 402–403 © Photo by Jamie Squire/Getty Images

Page 404 © Khristopher "Squint" Sandifer

入魂 38

三分入魂

SHOT READY

作者｜史蒂芬・柯瑞 Stephen Curry
譯者｜蔡世偉

堡壘文化有限公司
總編輯｜簡欣彥
副總編輯｜簡伯儒
責任編輯｜簡伯儒
行銷企劃｜黃怡婷
封面設計｜萬勝安
內頁構成｜IAT-HUAN TIUNN

出版｜堡壘文化有限公司
發行｜遠足文化事業股份有限公司（讀書共和國出版集團）
地址｜231 新北市新店區民權路108-2 號9 樓
電話｜02-22181417　傳真｜02-22188057
Email｜service@bookrep.com.tw
郵撥帳號｜19504465 遠足文化事業股份有限公司
客服專線｜0800-221-029
網址｜http://www.bookrep.com.tw
法律顧問｜華洋法律事務所 蘇文生律師
印製｜韋懋實業有限公司
初版1 刷｜2025 年9 月
定價｜新臺幣 1400 元
ISBN｜978-626-7728-25-3　（PDF）978-626-7728-27-7　（EPUB）978-626-7728-26-0

國家圖書館出版品預行編目(CIP)資料

三分入魂/史蒂芬・柯瑞(Stephen Curry)著；蔡世偉譯. -- 初版. -- 新北市：堡壘文化有限公司出版：遠足文化事業股份有限公司發行, 2025.09
面； 公分. -- (入魂；38)　譯自：Shot ready
ISBN 978-626-7728-25-3(精裝)
1.CST: 柯瑞(Curry, Stephen, 1988-) 2.CST: 運動員 3.CST: 職業籃球 4.CST: 傳記 5.CST: 美國
785.28 114010158

Jesus Name I Play